DENNIS PENNA
JONI GALVÃO

PREFÁCIO DE
GILBERTO CURY

CRIE PALESTRAS INESQUECÍVEIS

Como construir um storytelling capaz de conquistar e transformar audiências

Diretora
Rosely Boschini

Gerente Editorial Sênior
Rosângela Barbosa de Araujo Pinheiro

Editora
Rafaella Carrilho

Assistentes Editoriais
Fernanda Costa
Camila Gabarrão

Produção Gráfica
Leandro Kulaif

Edição de Texto
Giulia Molina Frost

Preparação
Fernanda Guerriero Antunes

Capa
Thiago de Barros

Projeto Gráfico
Márcia Nickel

Adaptação e Diagramação
Renata Zucchini

Revisão
Débora Spanamberg Wink
Amanda Oliveira

Impressão
Gráfica Bartira

CARO(A) LEITOR(A),

Queremos saber sua opinião
sobre nossos livros.
Após a leitura, siga-nos no
linkedin.com/company/editora-gente,
no TikTok **@EditoraGente**
e no Instagram **@editoragente**
e visite-nos no site
www.editoragente.com.br.
Cadastre-se e contribua com
sugestões, críticas ou elogios.

Copyright © 2024 by
Dennis Penna e Joni Galvão
Todos os direitos desta edição
são reservados à Editora Gente.
Rua Natingui, 379 – Vila Madalena
São Paulo, SP – CEP 05443-000
Telefone: (11) 3670-2500
Site: www.editoragente.com.br
E-mail: gente@editoragente.com.br

Dados Internacionais de Catalogação na Publicação (CIP)
Angélica Ilacqua CRB-8/7057

Penna, Dennis
    Crie palestras inesquecíveis : como construir um storytelling capaz de conquistar e transformar audiências / Dennis Penna, Joni Galvão. - São Paulo : Editora Gente, 2024.
    192 p.

ISBN 978-65-5544-473-5

1. Fala em público 2. Oratória I. Título II. Galvão, Joni

24-1858   CDD 808.51

Índice para catálogo sistemático:
1. Fala em público

NOTA DA PUBLISHER

O que torna uma palestra inesquecível? É certo que toda (ou quase toda) apresentação será aplaudida, mas será que ela foi capaz de encantar a audiência? Será que ela se tornou memorável para quem estava ali? A verdade é que mesmo o mais prestigiado palestrante, autor ou mentor pode parecer desinteressante se não souber como expor o próprio conteúdo; por isso, para garantir que a sua apresentação não desapareça na memória do seu público é preciso fugir do óbvio e transcender o ordinário.

A verdade é que palestras inesquecíveis são aquelas que promovem transformações reais no público e expandem a consciência de quem assiste a elas. E, foi pensando em como criar uma apresentação memorável, que Joni Galvão, escritor , empreendedor de sucesso e criador do mercado de apresentações no Brasil, e Dennis Penna, fundador da Polo Palestrantes e responsável por revolucionar o mercado de palestras no Brasil, se juntaram neste livro magnífico que você, leitor, tem em mãos.

Neste livro, os autores apresentam uma abordagem inovadora sobre *story* e *telling* (sim, são diferentes e complementares!). Além disso, por meio de roteiros de filmes de sucesso de Hollywood, você vai aprender como ganhar, garantir e conquistar seu público. *Crie palestras inesquecíveis* não é apenas um guia prático, mas um convite para elevar suas apresentações a um novo patamar, seja você um palestrante profissional, um aspirante ou alguém que simplesmente precisa falar em público.

Ao mergulhar nas páginas a seguir, você será guiado por meio de estratégias para cativar sua audiência, transmitir sua mensagem com clareza e impacto e provocar mudanças significativas na mente e no coração dos ouvintes. Convido você a descobrir como se tornar um palestrante excepcional – seja diante de uma mega audiência ou em uma mesa de reunião – capaz de deixar uma impressão duradoura e transformar muitas vidas.

Boa leitura!

ROSELY BOSCHINI · CEO E PUBLISHER DA EDITORA GENTE

SUMÁRIO

06   **Prefácio**

08   **Introdução** • O movimento a favor das palestras inesquecíveis

18   **Capítulo 1** • As pessoas são melhores que suas palestras

28   **Capítulo 2** • Premissas básicas de uma palestra inesquecível

42   **Capítulo 3** • Para ser inesquecível, precisa ser fora de série

58   **Capítulo 4** • O *story* do storytelling

86   **Capítulo 5** • O *telling* do storytelling

102   **Capítulo 6** • A jornada da audiência

108   **Capítulo 7** • Ganhar e manter a atenção do público

128   **Capítulo 8** • Garantir o interesse na sua mensagem

146   **Capítulo 9** • Conquistar a adesão da audiência

160   **Capítulo 10** • Retenção: a mensagem viva por mais tempo

180   **Capítulo 11** • Clímax: o melhor fica para o final

190   **Nossa mensagem final**

PREFÁCIO

Caro leitor,

Ao abrir este livro, você se depara não apenas com um guia, mas com um convite à maestria na arte de comunicar e influenciar. Os renomados Joni Galvão e Dennis Penna, cada um em sua especialidade, unem suas experiências para lhe oferecer uma visão abrangente sobre a criação de palestras capazes de transformar audiências.

Joni Galvão, com sua habilidade incomparável em tecer narrativas envolventes, e Dennis Penna, com seu profundo entendimento do que os contratantes realmente buscam em uma palestra, compõem uma dupla imbatível. Eles compartilham aqui o resultado de duas décadas dedicadas à modelagem de padrões de excelência em apresentações que cativam, transformam e motivam.

A modelagem, uma poderosa ferramenta da Programação Neurolinguística, é o coração deste livro. Ela permite que você decifre e aplique em sua área os processos mentais de indivíduos excepcionais, proporcionando resultados extraordinários. Nas páginas a seguir, você aprenderá a estruturar sua apresentação, desde o roteiro até os elementos visuais, com o propósito de capturar e manter a atenção da audiência, garantindo que sua mensagem seja ouvida, sentida e, principalmente, lembrada. Esta obra também aborda outros conceitos de PNL que são essenciais para qualquer um que deseja estabelecer conexões genuínas e duradouras com seu público. Compreender e aplicar esses ensinamentos significará abrir portas para oportunidades onde suas ideias serão transmitidas e verdadeiramente aceitas.

Ao prosseguir na leitura, prepare-se para mergulhar nas estratégias que tornaram Joni e Dennis em referências dentro de suas áreas e descubra como criar palestras que deixarão um legado de inspiração e mudança. Este não é apenas um livro sobre palestras, é um mediador para todos aqueles que aspiram a impactar e transformar qualquer plateia, de qualquer tamanho.

Com *Crie palestras inesquecíveis* você se equipará para se tornar um ótimo orador e mover públicos. Seja bem-vindo à jornada que transformará sua maneira de se comunicar!

GILBERTO CURY · Professor, palestrante e fundador da
Sociedade Brasileira de Programação Neurolinguística (SBPNL).

INTRODUÇÃO

O MOVIMENTO A FAVOR DAS PALESTRAS INESQUECÍVEIS

> Uma palestra bem-sucedida é um pequeno milagre – as pessoas veem o mundo diferente depois dela.
>
> **Chris Anderson, presidente e curador-chefe do TED[1]**

Se tivéssemos um parágrafo para escrever este livro, seria assim: Toda palestra fora de série transforma a vida da audiência, trazendo um novo ponto de vista e ampliando a consciência dos espectadores. Isso ocorre, contudo, quando ela tem um tema relevante e é contada de forma interessante. Assim, ela se torna inesquecível.

Agora, vamos à versão estendida!

Muitos confundem palestra com aula, mas não são a mesma coisa. Uma aula pode ser considerada boa mesmo que ensine o conteúdo de um jeito chato. No entanto, uma palestra deve necessariamente estimular mudança na audiência – só assim ela será inesquecível, se tornando parte do repertório de vida da audiência.

Nestas páginas, o leitor aprenderá como garantir que suas palestras tenham real impacto na audiência e transformem a vida de muitos. Antes, porém, vamos contar a você como o movimento a favor das palestras inesquecíveis começou.

O ENCONTRO DE DOIS INCONFORMADOS

Em uma sessão da imersão do curso sobre palestras inesquecíveis, um participante traçou uma analogia interessante: "Vocês formam uma verdadeira sinfonia de estilos e ritmos. Joni é a energia contagiante do rock 'n' roll, enquanto Dennis traz a suavidade e a profundidade da bossa nova".

---

[1] ANDERSON, C. *In*: **Goodreads**. Disponível em: https://www.goodreads.com/quotes/9069686. Acesso em: 25 fev. 2024. Tradução nossa.

> **ESTE LIVRO EMERGE COMO A SÍNTESE DESSE ENCONTRO HARMONIOSO DE DOIS VISIONÁRIOS, UNIDOS NÃO APENAS PELA PAIXÃO PELA ARTE DA COMUNICAÇÃO, MAS TAMBÉM PELO DESCONTENTAMENTO COMPARTILHADO.**

Os dois movidos por uma aversão às apresentações monótonas, às palestras que desaparecem rapidamente na memória dos ouvintes e ao tempo precioso que se desperdiça com conteúdos irrelevantes. Unidos, eles buscam redefinir e elevar o padrão do que é de fato uma palestra impactante. Conheça um pouco dos autores que vão conduzir uma jornada de tomada de consciência para que sua palestra seja inesquecível.

Joni Galvão

Em 2003, o Brasil testemunhou o nascimento de um mercado revolucionário, liderado por Joni Galvão. Não apenas um expert, mas um verdadeiro mestre em storytelling, Joni alçou voo com a missão de transformar a maneira como as apresentações eram percebidas no país. Desde então, sob sua tutela, foram desenvolvidas mais de 15 mil apresentações, todas carregando o selo inconfundível de sua expertise: transformar conteúdos estáticos em narrativas vibrantes e imersivas.

O propósito de Joni nunca mudou: abolir as apresentações chatas, substituindo-as por histórias envolventes que não apenas informem, mas também transportem os espectadores para uma jornada de descobertas e transformações.

Sua paixão e seu domínio pela arte do storytelling o levaram a uma parceria com uma das maiores autoridades no assunto: Robert McKee, um mestre quando se trata de narrativa para o mundo do cinema e das séries televisivas. Quando McKee encontrou um grupo de talentosos animadores que tinham habilidade técnica, mas careciam do toque mágico de uma narrativa impactante, ele os desafiou: "Sigam-me e vocês ficarão bem". E assim, depois de mergulharem profundamente nos ensinamentos de McKee, nasceu *Toy Story*,[2] um marco no cinema que rendeu à Pixar dois Oscars. Depois disso, todos os filmes da Pixar passaram a seguir os mesmos princípios que Joni ensina aqui.

Joni Galvão, além de ser um empreendedor de sucesso, é um escritor aclamado. Seus livros, *Superapresentações*[3] e *Super-histórias*,[4] são testemunhos de uma maestria em tecer narrativas. Eles refletem sua capacidade única de transformar vivências cotidianas em lições poderosas.

Nestas páginas, Joni traz mais de duas décadas de experiência e sabedoria. E, por meio de suas palavras, ele nos lembra de uma verdade atemporal:

> ENQUANTO OS CENÁRIOS PODEM MUDAR E AS TECNOLOGIAS PODEM EVOLUIR, O CORAÇÃO DE UMA BOA HISTÓRIA – SEUS PRINCÍPIOS E EMOÇÕES – PERMANECE CONSTANTE ATRAVÉS DOS TEMPOS.

Dennis Penna

Dennis Penna é o arquiteto por trás de inúmeras transformações no mercado de conferências. Fundador da principal agência de palestrantes do Brasil, a Polo Palestrantes, Dennis carrega consigo uma missão clara: provocar mudanças autênticas e duradouras com o poder do conhecimento compartilhado.

Para Dennis, uma palestra não é meramente uma sequência de palavras bem articuladas. É um instrumento catalisador de evolução, uma alavanca para o desenvolvimento pessoal e profissional.

Esse entendimento profundo de seu propósito é o que o diferencia: sua agência não oferece apenas palestras, mas soluções customizadas que aten-

---

[2] CAMIN, T.; SOKOLOW, A. An interview with Robert McKee, the God of Story. **Vice**, 1º jul. 2014. Disponível em: https://www.vice.com/en/article/qbxbvb/the-god-of-story-0000339-v21n6. Acesso em: 25 fev. 2024.

[3] GALVÃO, J. **Superapresentações**: como vender ideias e conquistar audiências. São Paulo: Panda Books, 2011.

[4] GALVÃO, J. **Super-histórias**: no universo corporativo. São Paulo: Panda Books, 2015.

dem a necessidades específicas de seus clientes. A consciência de que não existe uma palestra "tamanho único" para todas as situações levou Dennis a se dedicar a compreender minuciosamente as aspirações e os desafios de cada empresa ou cliente.

Sua dedicação e sua perspicácia o tornaram em uma referência no mercado de palestras que, de fato, transformam. Desde 2010, ele e sua equipe têm sido os pilares por trás de mais de 7 mil palestras, impactando mais de 3,7 milhões de indivíduos. No entanto, para Dennis, não se trata apenas de números, mas de qualidade e impacto. Ele é um aficionado pela excelência, dedicando-se todos os dias ao estudo minucioso do que faz uma palestra ressonar com o público, assim como das razões por trás de muitas palestras fracassarem.

Dennis Penna não é só um empresário; é um visionário, um defensor incansável do poder transformador do conhecimento. Seu legado vai além das palestras vendidas – está na mudança que cada uma dessas apresentações desencadeou na vida de milhões de pessoas.

PARA QUEM ESTE LIVRO FOI ESCRITO?

Aos palestrantes profissionais

Esses são indivíduos que, mesmo sem uma denominação formal, vivem para compartilhar suas experiências. Podem ser celebridades, influencers, esportistas, empreendedores ou apenas pessoas dotadas de conteúdo significativo. Embora muitos recebam aplausos, nem todas as suas apresentações são tecnicamente bem executadas.

Ser capaz de contar uma história impactante não é necessariamente um reflexo de sua trajetória. Este livro, portanto, oferece princípios que podem potencializar a qualidade e o impacto de suas palestras.

Veja sua apresentação como um filme: ela requer um roteiro bem estruturado para cativar do início ao fim.

Aos aspirantes a palestrantes

Muitos nos questionam: "Posso ser um palestrante?". A resposta é sim. No entanto, ser palestrante vai além de apenas falar. É preciso desejar impactar de modo positivo a vida daqueles que estão assistindo ao que você tem a dizer.

Enquanto qualquer um pode aspirar a ser um palestrante, o sucesso não é medido apenas pelas vendas. Se a motivação principal é o lucro, é melhor reconsiderar. O verdadeiro propósito está em viabilizar transformações, e os ganhos financeiros vêm como resultado desse compromisso.

Aos executivos e empreendedores que se tornaram referência

Ser executivo é diferente de ser empreendedor. O primeiro é encarregado de colocar em prática estratégias empresariais, enquanto o segundo visa criar soluções para as necessidades do mundo.

Contudo, ambos os papéis podem conduzir ao reconhecimento. E, frequentemente, essas personalidades são convidadas a compartilhar suas trajetórias, erros e acertos durante essa jornada. Suas vivências podem ser destiladas em palestras curtas, ricas em informações e insights para inspirar mudanças significativas.

Aos profissionais que costumam falar em público

Há aqueles que se comunicam naturalmente com o público e os que, apesar da frequência, não se sentem à vontade com isso. No entanto, ambos têm a capacidade de encantar com sua eloquência. Expor uma ideia para um grupo em uma sala de reuniões, por exemplo, também pode ser considerado uma palestra.

Falar em público vai além do hábito; exige a fusão do talento inato com técnicas aperfeiçoadas. E, mesmo que você acredite não ter o "dom" da oratória, todos temos qualidades atraentes que podem conquistar o público durante uma palestra ou fala.

Descobrir e explorar essas qualidades é crucial. Este livro serve de guia para aqueles que desejam aprimorar suas habilidades de comunicação e tornar suas mensagens mais impactantes.

Os públicos apresentados até aqui podem parecer diferentes e pouco se conectarem entre si, mas a verdade é que todos que têm o desejo de se tornar palestrantes fora de série e almejam impactar de modo positivo a sua audiência precisam passar pelo mesmo processo, caso queiram alcançar o sucesso. Criar uma palestra não é tarefa simples e vai além de escolher um assunto e discursar. Exige pesquisa, planejamento, roteirização, produção de audiovisual, prática e capacidade de adaptar-se com base em feedback. Aqui, vamos mostrar a você o caminho das pedras para construir palestras verdadeiramente memoráveis.

Para inspiração, reunimos alguns nomes conhecidos que deixaram e deixam seus legados e são notáveis como palestrantes. Você pode fazer o mesmo!

 Elon Musk: fundador e CEO de empresas como Tesla, SpaceX, Neuralink e The Boring Company. Ele é conhecido por visões futuristas sobre a colonização de Marte, carros elétricos e a integração do cérebro humano com a tecnologia.

 Steve Jobs (falecido em 2011): cofundador e ex-CEO da Apple. Suas apresentações de produtos, sobretudo os lançamentos do iPhone e do iPad, eram aguardadas com grande expectativa e são estudadas até hoje pela excelência em storytelling e capacidade de criar emoção e identificação em torno de um produto.

 Sheryl Sandberg: COO do Facebook e autora do livro *Faça acontecer*.[5] Ela é defensora proeminente dos direitos das mulheres no local de trabalho e fala frequentemente sobre liderança e empoderamento.

---

[5] SANDBERG, S. **Faça acontecer**: mulheres, trabalho e a vontade de liderar. São Paulo: Companhia das Letras, 2013.

Simon Sinek: autor best-seller e orador motivacional, conhecido por seu conceito de "começar pelo porquê".[6] Ele discute como as empresas podem inspirar cooperação, confiança e mudança.

Gary Vaynerchuk (Gary Vee): empreendedor, autor e personalidade da internet. Ele é conhecido por uma energia infecciosa e opiniões fortes sobre empreendedorismo, marketing digital e a importância de uma mentalidade campeã.

POR QUE ESSE LIVRO SERÁ UM PONTO DE VIRADA EM SUAS PALESTRAS?

Como visto anteriormente, uma palestra de sucesso exige dedicação, pesquisa, planejamento, roteirização, produção, prática e jogo de cintura. É um trabalho extensivo e metódico, mas que traz diversos ganhos a curto, médio e longo prazo. Seguindo os aprendizados deste livro, você:

- **Terá mais controle sobre a experiência que a audiência vai vivenciar.** Toda apresentação é uma janela de oportunidade para quem a realiza. Quando bem articulada, ela tem o potencial de moldar a percepção e a emoção do público.
  Cada palavra tem o poder de criar imagens, sentimentos e reflexões na mente da audiência. Essa é a magia das grandes histórias.
  Por meio destas páginas, você terá as ferramentas e técnicas necessárias para estruturar narrativas envolventes, mantendo seu público engajado. Mais do que simplesmente ouvir, os espectadores absorverão insights valiosos que podem transformar suas perspectivas.
- **Apresentará suas ideias com impacto e relevância.** Não é apenas falar, mas transmitir uma ideia poderosa de maneira clara e impactante. Para que sua mensagem ecoe com força e relevância, é in-

---
[6] SINEK, S. **Comece pelo porquê**: como grandes líderes inspiram pessoas e equipes a agir. Rio de Janeiro: Sextante, 2018.

dispensável dominar a arte da narrativa e da produção audiovisual. Inspirados nas técnicas cinematográficas de Hollywood e nas estratégias dos mais renomados palestrantes, os capítulos que seguem oferecem um guia detalhado sobre como estruturar sua apresentação.

A metodologia de modelagem destacada se baseia no estudo e na adaptação das práticas dos grandes oradores, permitindo que você internalize e replique as melhores estratégias de comunicação.

- **Sentirá que está mais preparado para falar com qualquer público.** Diz-se com frequência que o medo de falar em público figura entre os maiores temores humanos. No entanto, acreditamos que a raiz desse temor não é o ato de falar em si, mas a ansiedade de não ser compreendido, de enfrentar um lapso de memória ou de não conseguir a aprovação do público.

Este livro é o remédio contra essas inseguranças. Nele, você descobrirá os segredos por trás das apresentações mais bem-sucedidas. Ao assimilar e aplicar os princípios e técnicas, você não apenas superará suas inseguranças, mas também se sentirá capacitado e confiante para se dirigir a qualquer público, independentemente da diversidade ou do tamanho dele.

CHEGOU O MOMENTO DE COMEÇAR A SUA JORNADA PARA SE TORNAR UM PALESTRANTE INESQUECÍVEL. VAMOS JUNTOS?

@JoniGalvao
@DennisPenna

01.

AS PESSOAS SÃO MELHORES QUE SUAS PALESTRAS

Não existe história sem conflito. Essa frase é muito falada, mas pouco entendida. Este livro foi escrito para resolver um conflito, um problema que talvez você tenha, mas do qual não está ciente.

Durante esta jornada, nós queremos que você passe pelos estágios de um modelo amplamente utilizado para descrever as fases de aquisição de uma nova habilidade: Matriz de Competência ou Modelo de Consciência de Competência,[7] que divide o processo de aprendizagem em quatro estágios principais:

- **Incompetência inconsciente:** neste estágio, o indivíduo não tem consciência de que uma habilidade ou conhecimento específico existe, ou simplesmente não percebe que isso lhe está faltando. A pessoa é ignorante sobre o que não sabe.
- **Incompetência consciente:** o segundo estágio é alcançado quando o indivíduo se torna ciente de que uma habilidade ou competência específica existe, e que ele ou ela não a possui. Isso geralmente resulta em uma conscientização de que há algo a ser aprendido e é necessário se esforçar para tanto.

---

[7] BRASILEIRO, R. Estágios da competência e como eles podem te ajudar em uma transformação ágil. **Método Ágil**, 2017. Disponível em: https://www.metodoagil.com/estagios-da-competencia/. Acesso em: 26 fev. 2024.

- **Competência consciente:** neste estágio, a pessoa já aprendeu a habilidade e pode executá-la, mas ainda precisa pensar e se concentrar para isso. A competência consciente exige esforço, e o indivíduo tem que ser muito atento para executar a habilidade de modo correto.
- **Competência inconsciente:** o estágio final é atingido quando a habilidade se torna tão profundamente incorporada que pode ser executada quase de maneira automática, sem a necessidade de pensar conscientemente sobre ela. Isso é muitas vezes referido como "maestria" ou domínio.

É comum essa progressão ser usada para descrever o processo de aprendizagem em uma variedade de contextos, desde aprender a dirigir um carro até dominar uma nova habilidade em um esporte ou aprender um novo idioma. No mundo dos negócios e treinamento profissional, também é aplicada para ajudar os indivíduos a entenderem onde eles estão em seu desenvolvimento de competências e o que é necessário para avançar.

O valor desse modelo está em ajudar os aprendizes e instrutores a reconhecer e entender em que ponto estão no processo de aprendizagem, para que possam adaptar suas abordagens de ensino e aprendizagem de acordo. Também serve de lembrete útil de que a incompetência inicial é uma etapa normal e necessária no caminho para se tornar habilidoso em algo, e que a prática e a consciência contínuas são essenciais para alcançar a competência.

A competência que está escondida e será revelada nestas páginas é a capacidade de você ter uma **palestra inesquecível**.

O desafio de qualquer apresentação é manter a atenção e o interesse do começo ao fim, como se a audiência estivesse assistindo a uma série daquelas que dá vontade de "maratonar" – tarefa muito bem executada por grandes produções cinematográficas.

UM BOM FILME OU SÉRIE CONSEGUE GERAR UMA RELAÇÃO DE IDENTIFICAÇÃO, POIS FOI FEITO PARA ENTRETER E MUITAS VEZES "EDUCAR".

A diferença de filmes e séries para uma palestra está no compromisso estabelecido. Um filme, muitas vezes, tem o único objetivo de entreter. Principalmente aqueles de comédia, que não são feitos para refletirmos ou termos insights sobre a vida. Na comédia, se a audiência dá risada, o objetivo do filme foi alcançado; se ela não ri, o filme não funcionou!

Em uma palestra, o entretenimento é a base para que o conhecimento seja transmitido. Nos próximos capítulos, vamos explorar o papel do entretenimento e entender quando e como utilizá-lo ao nosso favor.

Vale ressaltar que a importância do entretenimento na construção de uma palestra inesquecível já vem desde a origem da palavra: no francês, *entretenir* significa "apoiar, manter junto, unir" – junção da palavra *entre*, que em tradução livre quer dizer "junto, entre", e *tenir*, que significa "manter, segurar" – e tem sua origem na palavra latim *tenere*. Ou seja, se você está atento e prestando muita atenção a algo, está **entretido**.

O ROTEIRO É A BASE DE TUDO

Você provavelmente se lembra do último filme que viu, mas decerto não se lembra da última apresentação a que assistiu com o mesmo envolvimento emocional que teve durante esse filme. Por mais interessante que seja o assunto, ele precisa passar por um processo de estruturação da mensagem. Chamamos isso de roteiro – ou seja, a "rota" que você quer que sua audiência percorra para entender aquilo que está sendo transmitido.

Cada palestra é única – e isso pode gerar ansiedade

É incrível como pessoas inteligentes têm seu QI diminuído quando sobem ao palco. Uma música do rapper Eminem representa bem o que significa estar no palco com as emoções que sentimos – uns mais, outros menos, claro, mas ninguém escapa do frio na barriga antes de se apresentar para uma multidão.

Nessa música, chamada *Lose Yourself*[8], ele conta como se sentiu antes de entrar no palco durante a última etapa da batalha de rappers de que participava. Esse relato está no filme *8 Mile – rua das ilusões*,[9] que aborda um pouco de sua vida. Uma batalha entre rappers acontece quando dois músicos entram no palco, cada um desafiando o outro, improvisando, mas com uma ideia na cabeça. Cada rapper tem poucos minutos para fazer a audiência "pirar"! Quem conseguir mais explosão da audiência ganha o duelo.

Cada palestra acontece uma só vez. Não tem segunda chance. E quanto mais preparado você está, mais chances de ter uma **palestra inesquecível**.

Antes de aprender qualquer método, acreditamos que é importante reconhecer alguns problemas intrísencos às "palestras tradicionais", que são aquelas que não cumprem o papel de transformar.

A palestra tradicional:

- Não tem uma história;
- Contém informações "jogadas" de maneira aleatória, dificultando a compreensão e a retenção da audiência;
- Não aborda um tema central claro;
- É autocentrada, com foco na supervalorização dos atributos positivos do palestrante, com uma mensagem de "orgulho de si mesmo";
- É feita com mensagens clichês, sem nenhum apelo original, instigando pensamentos como *Quando isso vai acabar?* por parte do público;
- Apresenta muita explicação, quase uma aula no estilo antigo: "Decora, que vai cair na prova";
- Traz muitas informações e pouco significado;

---

[8] LOSE Yourself. Intérprete: Eminem. *In*: 8 MILE. Nova York: Shady Records, 2002. Faixa 1.

[9] 8 MILE – rua das ilusões. Direção: Curtis Hanson. Estados Unidos: Imagine Entertainment; Mikona Productions; GmbH & Co. KG, 2002. Vídeo (110 min).

- Reúne slides como um script e um teleprompter, fazendo o palestrante ler cada texto e subestimar a inteligência da audiência, já que esta também sabe ler;
- Não conta com uma adaptação do conteúdo e do estilo da apresentação para atender ao público-alvo;
- É carente de clareza e concisão;
- Tem um palestrante cuja performance é fraca em termos de técnicas de apresentação (por exemplo: volume e modulação de voz, ritmo, expressão corporal, entre outras).

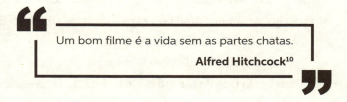

> Um bom filme é a vida sem as partes chatas.
> **Alfred Hitchcock**[10]

Você foi aplaudido?
Não significa que sua palestra vai gerar transformação

Imagine uma palestra com essa passagem:

Nós começamos a pensar o que estamos fazendo aqui neste mundo, quem nós somos. Eu sempre tive a ideia de que nada acontece na vida por acaso. Nós determinamos aquilo que queremos ser. Nós traçamos o nosso caminho, desenvolvemos a nossa trajetória. Nós decidimos e escolhemos o que queremos ser.

O que aprendemos com isso? Nada. São expressões genéricas que você provavelmente já ouviu dezenas ou até milhares de vezes. São mensagens

---

[10] DAEHN, R. Alfred Hitchcok reafirma a originalidade ímpar do mestre do suspense. **Correio Braziliense**, 7 jan. 2013. Disponível em: https://www.correiobraziliense.com.br/app/noticia/diversao-e-arte/2013/01/07/interna_diversao_arte,342704/alfred-hitchcock-reafirma-a-originalidade-impar-do-mestre-do-suspense.shtml. Acesso em: 26 fev. 2024.

um tanto quanto óbvias e que não motivam a ação. Até parece de alguém com pouca experiência de vida, despreparado e "enrolando" ou "enchendo linguiça" com o tal "lero-lero".

Acontece que esse trecho é de uma palestra de um dos maiores empresários que este país já teve. Um homem que está deixando um legado e fazendo a diferença na vida de muita gente. Ele é fora de série como empreendedor, investidor e visionário. E aqui não vai nenhuma crítica à pessoa, mas à sua comunicação. Mesmo que ele queira passar a mensagem de que "nós determinamos o que queremos ser", seria muito mais eficaz se contasse uma história, uma passagem da sua vida em que essa mensagem não precisasse ser declarada ou explicada, mas sim "mostrada" – o famoso *show, don't tell* ("não fale, mostre", em tradução livre).

Mesmo assim, ele foi aplaudido de pé. Não pela estrutura de sua palestra, mas pelo fato de ser um homem fora de série e admirado por todos.

Já assistimos a diversas palestras que poderiam ter sido muito melhores em todos os sentidos. No entanto, o efeito sedutor do palestrante arranca aplausos.

Muitas dessas palestras tradicionais falham quando tentam mostrar que o palestrante é inteligente. **Quem tem que se sentir inteligente é a audiência!**

Por que sua apresentação não tem tanto impacto quanto seu trabalho ou sua profissão?

Imagine que você queira construir uma casa. A primeira coisa que faz é chamar a equipe de obra para começar a construção. Sem plano, sem planta, sem referência alguma e sem direcionamento; provavelmente, o resultado será um desastre. E a explicação é muito simples: faltou um projeto arquitetônico. O arquiteto é um "roteirista" de casas e escritórios. Você é um arquiteto das palestras. Isso significa que, antes de tudo, existe um "projeto" que precisa ser elaborado com muita maestria para que o resultado seja uma experiência agradável e transformadora.

No entanto, a linha não é reta para você ter esse "projeto". Nós nascemos e passamos a contar e "consumir" histórias. Mesmo quando estamos dormindo, sonhamos em forma de história. Apenas isso, porém, não prepara você para escrever roteiros de alto impacto. O mesmo acontece com a música. Nascemos e passamos a ouvir música, mas isso não nos prepara para compor.

Seguindo essa lógica, você pode estar pensando: *Eu domino meu assunto, então estou preparado para apresentá-lo*. Sim e não. Sim, você domina seu assunto. Não, você não está preparado para apresentá-lo.

O conjunto de competências para exercer sua profissão não é o mesmo de que você precisa para "contar uma história" sobre ela. Ou mesmo sobre o seu histórico de vida. Ele pode ser inspirador, mas, se você não consegue expressá-lo de modo a gerar a tão desejada identificação, o resultado muitas vezes é aquela sensação de que poderia ter sido muito melhor. Por essa razão, vemos tantas pessoas com apresentação fraca, mesmo sendo a maior referência em suas áreas de especialização.

Uma das explicações para as apresentações chatas está na escolha do conteúdo a ser transmitido. E aqui vale uma diferenciação entre conteúdo e história. Quando as pessoas confundem um com o outro, é o mesmo que confundir "lata de tinta" com "obra de arte".

As latas de tinta não são necessariamente interessantes, mas são elas que dão vida à obra de arte. Esse é um dos motivos que fazem das palestras tradicionais uma tortura! São latas de tinta jogadas na audiência sem critério: linha do tempo, histórico de eventos, experiências e vivências sem relevância; enfim, tudo que aconteceu na vida da pessoa e o que está presente em sua mente sobre passado, presente e futuro. Tudo isso pode ser muito chato se não estiver a serviço de uma belíssima obra de arte.

Certo dia, li em uma reportagem de um jornal algumas declarações de grandes atletas sobre as lições que eles aprenderam:

- "Aprendi que os pilares do sucesso são foco, comprometimento e disciplina";

- "O caminho para alcançar meus objetivos sempre tem muita disciplina e respeito aos mais velhos";
- "Coragem, excelência, disciplina e força de vontade são alguns dos valores que aprendi";
- "Todo desafio nos deixa mais fortes, nos faz encontrar motivação para continuar na busca por nossos objetivos";
- "Para chegar ao ouro é preciso se preparar continuamente";
- "Às vezes é preciso ser um pouco menos exigente";
- "É preciso estar mais acostumado com errar do que com acertar".

Pense em cada um desses aprendizados e tente aplicá-los em sua vida. Garanto que na hora de ler você pensa *Ok, faz sentido* e sente uma pitada de motivação. No dia seguinte, porém, a disciplina, o foco, a coragem e todos os conselhos são esquecidos. E isso acontece não só quando lemos um artigo de jornal, ocorre também nas palestras corporativas que pretendem transformar as pessoas, mas que, por não terem uma estrutura poderosa, não conseguem oferecer mais do que uma motivação passageira.

Agora, queremos que você pare para refletir a respeito dessa armadilha. Vale ressaltar que ela não é intencional, afinal os palestrantes fazem o melhor que podem dentro de suas possibilidades.

REFLEXÃO

Pense em quanto tempo você levou para se tornar "mestre" em algum ofício. Quantas horas, quanta tentativa e erro, perrengues... tudo o que enfrentou para atingir a excelência. Todo esse esforço tornou você uma referência e o presenteou com muitas histórias para contar.

Agora, pense como é passar esse conhecimento para a frente. É inevitável: na hora de preparar a palestra e ministrá-la, você desce alguns níveis, saindo do status "fora de série" e voltando para o "dentro da série". Estar preparado para exercer uma profissão com excelência não tem necessariamente a ver com ser didático em um processo educacional ou mesmo dominar a arte de "contar histórias". Para isso, é necessário esforço, prática e tempo, assim como você precisou para adquirir maestria na sua profissão.

O propósito deste livro é revelar o método que você precisa aprender para que sua palestra seja digna de um Oscar.

E não estamos brincando. Al Gore, por exemplo, criou uma palestra chamada "Uma verdade inconveniente", que tratava dos impactos do aquecimento global na sociedade. De tão boa, um diretor de Hollywood ofereceu transformá-la em um filme com o mesmo nome que, depois de ser lançado, foi vencedor do Oscar nas categorias de Melhor Documentário e Melhor Canção Original.[11]

No seu caso, o Oscar é o reconhecimento da audiência. A marca que você vai deixar na vida de cada ser humano que participar de suas palestras.

Com as ferramentas certas, é possível garantir que sua palestra seja tão incrível quanto você.

---

[11] ALBUQUERQUE, C. "Uma verdade inconveniente", filme badalado de Al Gore, chega à TV brasileira. **O Globo**, 12 fev. 2008. Disponível em: https://oglobo.globo.com/cultura/uma-verdade-inconveniente-filme-badalado-de-al-gore-chega-tv-brasileira-3632565. Acesso em: 26 fev. 2024.

02.

PREMISSAS BÁSICAS DE UMA PALESTRA INESQUECÍUEL

Em uma era na qual a informação se propaga à velocidade da luz, qual é o propósito de alguém que sobe num palco e, com um microfone e uma voz solitária, se propõe a falar para uma multidão? Por que as empresas, em meio a tecnologia avançada e recursos quase ilimitados, ainda investem na arte milenar da oratória?

Por trás de cada convite feito a um palestrante, repousa uma esperança latente: a de que a chama da inspiração se acenda, de que as palavras ressoem e que a magia das narrativas inicie um movimento, seja ele de transformação, seja de motivação ou ação.

> MUITOS ACREDITAM QUE ESTÃO SIMPLESMENTE ASSISTINDO A UM DISCURSO, MAS NA REALIDADE, ESTÃO SENDO CONVIDADOS A EMBARCAR EM UMA JORNADA DE IMERSÃO NUM UNIVERSO DESCONHECIDO QUE PODE INSPIRAR E TRANSFORMAR (EU DISSE "PODE").

No entanto, como em qualquer jornada, há caminhos sombrios. Assim como um livro de autoajuda pode, por vezes, ser um placebo ilusório, uma palestra mal executada pode ser um beco sem saída para sua audiência. A desconexão ocorre quando o propósito se desvia da verdadeira essência e se concentra mais na performance do que na substância.

E, em meio a esse cenário, temos visto reações peculiares. Palestrantes que, percebendo a desconexão, optaram por reações extravagantes e inesperadas, tentando resgatar uma situação que se desviava do seu curso. Seus gestos, embora bizarros, eram sintomas claros de um sistema que, por vezes, se esquece do coração da mensagem em prol do espetáculo.

Assunto profundo? Sim. Para nós também é, mas temos certeza de que você está acompanhando cada passo dessa jornada. Afinal, nosso método pressupõe que nossa audiência estará engajada do começo ao fim, e depois vai se lembrar muito bem do que aconteceu.

Então, o que faz uma palestra ser verdadeiramente impactante? Não é apenas o carisma do orador, a profundidade do conteúdo ou a grandiosidade do palco. É a alquimia que ocorre quando autenticidade, paixão, propósito e o poder das histórias convergem. É quando a palestra transcende o evento e se torna uma experiência. E, nesse momento, as empresas percebem que o investimento não foi apenas em um palestrante, mas na chama inextinguível da transformação que ele pode iniciar.

O PAPEL DAS PALESTRAS EM GRANDES EVENTOS

Grandes eventos, em sua maioria, contam com um espaço para algum palestrante. Sabendo que esse evento corre o risco de ser chato por causa de muito conteúdo maçante, as empresas optam por dar pelo menos uma hora de alívio para a audiência.

Cada palestra tem seu objetivo, mas quem contrata, geralmente, quer algo mais. Quer engajar, motivar o time e proporcionar um momento que torne o evento inesquecível. No entanto, a tarefa não é fácil. Certo dia, Joni Galvão foi chamado por uma empresa para dar uma palestra no fim do evento de dois dias. A pessoa do marketing que o contratou pediu: "Joni, você precisa salvar o evento". Ou seja, até aquele momento, as pessoas estavam entediadas. Ela depositou, em uma palestra de uma hora, a esperança de que os espectadores saíssem do evento falando bem da experiência – algo que achamos muito difícil. Portanto, uma palestra não vai salvar um grande evento, mas pode ser o ponto alto que leva magia para a audiência.

Para isso, porém, é preciso entender...

A DIFERENÇA ENTRE PURO ENTRETENIMENTO E UMA HISTÓRIA COM O COMPROMISSO DE "TOCAR A AUDIÊNCIA"

O som ambiente de uma sala silenciosa, iluminada apenas pela luz trêmula da televisão, onde os olhos vidrados em uma tela relatam um fenômeno contemporâneo: a maratona de séries.

Quantos de nós já não se viram absorvidos em uma trama, episódio após episódio, perdendo a noção do tempo? E ainda assim, quando voltamos para o ambiente corporativo, essa capacidade de concentração parece esvanecer como poeira ao vento.

Como vimos anteriormente, o lendário diretor Alfred Hitchcock, mestre do suspense, nos deixou uma pérola de sabedoria: "Um bom filme é a vida sem as partes chatas". Essa declaração não se refere apenas à estrutura cinematográfica, é também uma meditação sobre a essência da existência humana.

Em nossa jornada diária, somos compelidos a buscar momentos que destilem a essência da vida, livrando-nos da monotonia e da rotina desgastantes. No entanto, ao contrário do cinema, a vida não é editada. Ela se desenrola com todas as suas nuances, seus altos e baixos.

A percepção das "partes chatas" da vida não está tanto nos eventos em si, mas na lente através da qual escolhemos vê-los. Enquanto um contratempo pode ser visto como obstáculo por um indivíduo, outro pode enxergá-lo como uma oportunidade de aprendizado. Assim, nossa realidade é moldada não apenas por nossas experiências, mas principalmente pela narrativa interna que temos a partir delas.

Imagine, então, nossa psique como uma vasta biblioteca cinematográfica – um arquivo pessoal repleto de histórias, dramas, comédias e tragédias, todos catalogados em nossa memória. Cada interação, cada lição aprendida, cada desafio superado se torna um episódio ou filme em nossa "Netflix mental". Essa vasta coleção não está lá apenas como entretenimento, mas como uma fonte rica de aprendizado e introspecção.

> O DESAFIO QUE ENFRENTAMOS, SOBRETUDO NO MUNDO CORPORATIVO, É COMO TORNAR NOSSAS APRESENTAÇÕES, REUNIÕES E PALESTRAS TÃO ENVOLVENTES QUANTO OS ROTEIROS MAIS CATIVANTES DE HOLLYWOOD. COMO PODEMOS ENTRELAÇAR NOSSA MENSAGEM COM UMA NARRATIVA QUE CAPTURA A IMAGINAÇÃO, EVOCA EMOÇÃO E INSPIRA AÇÃO?

Uma das missões do movimento a favor das palestras inesquecíveis é precisamente essa: descobrir o segredo por trás da magia do storytelling cinematográfico e traduzi-lo para o palco corporativo. Porque, no final das contas, todos nós somos contadores de histórias. E, assim como os cineastas buscam conectar-se com seus públicos em um nível emocional profundo, os palestrantes podem e devem aspirar a criar esse mesmo nível de engajamento e conexão com suas audiências.

O cinema tem o poder de nos transportar para mundos distantes, de nos fazer rir, chorar e refletir. Se conseguirmos um pouco dessa magia nas palestras, teremos a chave não apenas para capturar a atenção, mas para transformar mentes e corações. E, assim, a arte e o negócio se juntam, criando experiências de fato inesquecíveis.

Uma palestra fica muito mais interessante se analisada sob a ótica dos princípios de um bom filme.

A importância de um bom roteiro

Um roteiro bem estruturado é a espinha dorsal de qualquer narrativa. Mesmo com recursos visuais incríveis ou atuações espetaculares, se a história for fraca, o resultado final será insatisfatório.

Da mesma forma, em uma palestra, ainda que com visuais incríveis e entrega confiante do palestrante, se a estrutura narrativa não seguir os princípios de uma boa história, o resultado terá prazo de validade e as pessoas vão se esquecer das mensagens.

Princípios da narrativa de Aristóteles

Aristóteles, em seu livro *Poética*,[12] já enfatizava a importância da estrutura clara de começo, meio e fim.

> **Ato 1:** o começo apresenta os personagens com suas rotinas, estabelecendo o tom para a história e dando início ao principal conflito da trama.
> **Ato 2:** no meio há os conflitos, desafios e dilemas, criando tensão e envolvimento. Esse é o momento em que o protagonista passa a enfrentar um mundo desconhecido, colocando à prova sua capacidade para chegar ao fim da história transformado.
> **Ato 3:** o fim traz a resolução, em que os conflitos são resolvidos e os personagens enfrentam as consequências de suas ações. O protagonista pode ou não alcançar seu objetivo. O que importa não é esse resultado, mas a transformação que aconteceu durante o arco da história.

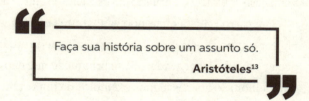

Faça sua história sobre um assunto só.
Aristóteles[13]

A estrutura de dilema, crise e resolução

Uma história envolvente tem um dilema central que leva a uma crise. Essa crise, por sua vez, força os personagens a tomar decisões, que geram ações e, finalmente, uma resolução.

---

[12] ARISTÓTELES. **Poética**. São Paulo: Editora 34, 2015.
[13] ARISTÓTELES. **How to Tell a Story**: An Ancient Guide to the Art of Storytelling for Writers and Readers. Tradução: Philip Freeman. Princeton. Princeton University Press, 2022.

O dilema do protagonista cria um envolvimento emocional do público, a crise aumenta a tensão, e a resolução oferece um fechamento, uma recompensa para quem dedicou seu tempo para "consumir" a história.

A importância das viradas na história

Uma história não é estática. Ela é feita de várias viradas – mudanças na trama que mantêm o público envolvido. São os famosos *plot twists*.

A maior virada é o arco geral da história, que examina os estados inicial e final dos personagens e responde às questões: houve transformação? Quem se transformou? Como isso aconteceu?

O elemento humano

Uma narrativa poderosa é centrada em personagens – seja uma pessoa, seja uma empresa, um produto, um carro, um brinquedo; qualquer coisa que tenha reações humanas. Os filmes da Pixar são um excelente exemplo do que realmente importa.

Um carro egoísta querendo ganhar uma corrida, mas aprendendo a reconhecer a importância do outro; um peixe superprotetor que entende que deve deixar seu filho viver a vida; ou um brinquedo que não quer ser substituído por um melhor são apenas alguns exemplos da importância de termos sentimentos e valores humanos para que a audiência crie uma conexão.

Deve envolver alguém (ou algo) que tem um objetivo claro, enfrenta desafios no caminho e, no final, encontra uma resolução.

Essa resolução não precisa ser um "final feliz", mas deve oferecer algum tipo de conclusão ou fechamento para a jornada do personagem.

ENTRETER ANTES; ENTÃO, EDUCAR

Existem dois tipos de filme ou série: o primeiro pretende que quem o assista apenas passe o tempo – ou seja, puro entretenimento – e o que tem uma mensagem a transmitir – o famoso entretenimento com educação.

Criando um paralelo com o mundo das palestras, é comum vermos muitos palestrantes dando "aulas" e apresentações com muitas explicações e teorias. O problema é que esses palestrantes esquecem que explicações são chatas – elas nos remetem a uma educação tradicional cujo objetivo principal é decorar o conteúdo. Eles perdem a plateia por não a entreterem primeiro.

Quando afirmamos que você deve entreter antes de ensinar, significa que sua audiência só estará conectada com suas ideias se estiver comprometida. O maior inimigo de qualquer apresentador é a desatenção da audiência.

A ideia é que, antes de transmitir uma mensagem educativa ou informativa, é mais eficaz capturar a atenção e o interesse do público por meio do entretenimento. Essa abordagem reconhece que os indivíduos são mais propensos a aprender e reter informações quando estão engajados.

As pessoas muitas vezes resistem à educação formal ou à mensagens didáticas porque estas podem parecer monótonas ou pesadas. Ao oferecer entretenimento primeiro, você quebra essa resistência inicial e desperta o interesse do público.

É mais fácil explicar, colocar o seu conteúdo em tópicos no estilo "X dicas", mas o resultado é o esquecimento de quase tudo por parte da plateia, pois não existe uma conexão entre as mensagens que faça da narrativa uma história única.

> QUANDO AS PESSOAS SE DIVERTEM OU ESTÃO EMOCIONALMENTE ENVOLVIDAS EM UMA EXPERIÊNCIA, AS CHANCES DE A INFORMAÇÃO E O APRENDIZADO FICAREM MARCADOS NA MEMÓRIA SÃO ALTAS.

É importante ressaltar que é crucial encontrar o equilíbrio certo entre entretenimento e educação. Se houver muito entretenimento e pouca substância educativa, a mensagem pode ser perdida. Em contrapartida, se for muito didático e não for envolvente, o público pode perder o interesse.

Premissas básicas de uma palestra inesquecível

MAIS DO QUE ENSINAR, UM PALESTRANTE INESQUECÍVEL INSPIRA O APRENDIZADO

Uma palestra tem duas funções: ensinar a fazer – ou seja, fornecer ferramentas para o público colocar em prática uma coisa nova ou diferente do que tem feito – e inspirar a fazer – isto é, motivar a audiência a realizar algo diferente do que ela vem fazendo até o momento. Muitos palestrantes, principalmente os que abordam temas mais técnicos, acreditam que seu objetivo é apenas o primeiro.

No entanto, para se tornar um palestrante inesquecível, é fundamental entender a necessidade de inspirar uma mudança na audiência. Lembre-se: a palestra bem-sucedida é aquela que mexe com as emoções da audiência, visando a uma mudança comportamental – afinal, uma das funções da palestra é motivar a ação. Por isso, dizemos que quem abraça a missão de palestrar tem a responsabilidade de mexer com a emoção dos outros para incentivar a ação.

Você já deve ter ouvido a famosa frase do super-herói Homem-Aranha: "Com grandes poderes vêm grandes responsabilidades".[14] Um palestrante tem o poder de gerar emoções na audiência: de um choro por estar "dentro" da história até uma crise de risadas por causa do humor bem utilizado.

Para entender a responsabilidade que vem desse poder do palestrante, vamos analisar como nós processamos as informações: todos temos um filtro perceptivo da realidade. Ao recebermos um estímulo de uma mensagem durante uma palestra, o caminho que ela faz passa por uma interpretação pessoal que gera uma representação em forma de imagens, sons e sensações. Com essa representação, nós reagimos.

Cada um tem a sua forma de interpretar a realidade, mas quando a palestra é bem estruturada, é possível conseguir uma reação quase que de todos os participantes.

---

[14] PORFIRIO, A. Frase da semana: "Com grandes poderes vêm grandes responsabilidades" – Stan Lee. **Superinteressante**, 27 abr. 2012. Disponível em: https://super.abril.com.br/coluna/superblog/frase-da-semana-8220-com-grandes-poderes-vem-grandes-responsabilidades-8221-8211-stan-lee. Acesso em: 27 fev. 2024.

Para testar o seu poder fazendo algo diferente, tente o seguinte:

1. Peça que todos fiquem de pé;
2. Espere alguns segundos, como se fosse haver uma grande surpresa;
3. Depois, peça que todos se sentem;
4. Conclua com uma fala como: "Viu como eu tenho o poder de influenciar vocês?".

Não tem como analisarmos essa relação de "poder" e "responsabilidade" sem tratarmos da tal da autoajuda.

A autoajuda é uma indústria próspera, e, infelizmente, nem todos que atuam nesse campo têm intenções genuínas. Alguns "gurus" fazem promessas grandiosas para atrair seguidores ou vender produtos, muitas vezes sem uma base sólida ou realista por trás de suas alegações. Isso vale para as promessas que você, palestrante, vai fazer para sua audiência. Aqui estão quatro promessas comuns feitas por falsos gurus que são, na realidade, impossíveis de garantir:

1. **Riqueza rápida e fácil:** muitos falsos gurus prometem que, seguindo seus conselhos ou técnicas, você pode se tornar rico rapidamente e com pouco esforço. Embora algumas estratégias financeiras possam ser úteis, não há garantia de sucesso – e, em geral, a riqueza requer tempo, esforço e muita resiliência.
2. **Cura instantânea:** para doenças físicas, problemas de saúde mental ou traumas emocionais, alguns gurus afirmam ter soluções milagrosas ou rápidas. Embora o pensamento positivo e certas práticas possam beneficiar o bem-estar, eles não substituem tratamentos médicos ou terapias profissionais.
3. **Atração universal:** a ideia de que você pode "atrair" qualquer coisa que desejar para sua vida – seja um parceiro perfeito, seja um emprego dos sonhos ou qualquer outra coisa – apenas visualizando ou pensando positivamente é uma grande armadilha. Embora a men-

talidade positiva possa influenciar ações e resultados, não é uma garantia de que tudo o que você deseja virá até você.

4. **Perfeição pessoal:** alguns gurus podem prometer que você alcançará um estado de perfeição ou iluminação, em que não experimentará mais falhas, tristeza ou desafios. No entanto, a imperfeição e os desafios são partes intrínsecas da experiência humana.

É essencial abordar o campo da autoajuda com ceticismo saudável e fazer pesquisas cuidadosas antes de adotar conselhos, comprar produtos ou até mesmo passar a mensagem adiante. Muitos profissionais de autoajuda têm intenções genuínas e oferecem conselhos valiosos, mas como em qualquer indústria, há aqueles que exploram as esperanças e necessidades dos outros para benefício próprio.

Como palestrante inesquecível, portanto, você precisa ter consciência de que tem o poder de influenciar a sua audiência e deve agir com responsabilidade e integridade. Por isso, também, o que a audiência "quer" não é necessariamente aquilo de que ela "precisa".

A DIFERENÇA ENTRE O QUE A AUDIÊNCIA "QUER" E AQUILO DE QUE ELA "PRECISA"

O conceito de "querer" versus "precisar" é fundamental na criação de personagens ricos e tramas envolventes em narrativas. E aqui vale reforçar que toda audiência é protagonista da palestra na medida em que é ela que mais se transforma – o palestrante, nesse contexto, é um facilitador dessa transformação.

Vamos explorar mais essa diferenciação.

O que o protagonista "quer"

Em geral, o "querer" de um protagonista se refere ao objetivo imediato ou desejo externo que o impulsiona através da trama. Com frequência, esse desejo é o catalisador da ação e serve de força motriz da história. Em muitas

38 Crie palestras inesquecíveis

narrativas, é fácil identificar o que o protagonista quer porque é claramente articulado e, com frequência, associado a uma ação ou objetivo tangível.

Eis alguns exemplos:

1. Em uma história de aventura, o protagonista pode querer encontrar um tesouro perdido;
2. Em um romance, o personagem principal pode querer conquistar o coração de alguém;
3. Em um thriller, o protagonista pode querer resolver um mistério ou crime.

Do que o protagonista "precisa"

Em contrapartida, do que um protagonista "precisa" é muitas vezes mais sutil e está relacionado ao crescimento interno, à evolução ou à lição que ele deve aprender. Esse é o aspecto emocional ou psicológico da jornada do personagem. Em muitos casos, o protagonista pode não estar ciente dessa necessidade no início da história – e parte de sua jornada envolve o reconhecimento e a aceitação dessa necessidade interior. Isso também vale para a jornada da audiência durante uma palestra.

Complementando os exemplos anteriores:

1. Na mesma história de aventura, enquanto o protagonista quer o tesouro, ele pode precisar aprender o valor da amizade ou que a verdadeira riqueza não é material;
2. No romance, enquanto o protagonista quer o amor de alguém, ele pode precisar aprender a amar a si mesmo ou a superar inseguranças;
3. No thriller, ao resolver o mistério, o protagonista pode precisar enfrentar os próprios demônios ou superar um trauma.

Na palestra "O menino que só tinha uma chance", Joni Galvão conta como ele, o protagonista, queria aproveitar cada momento como se fosse o último. Joni, porém, levou essa filosofia ao pé da letra e estava convencido de que isso era o certo a se fazer.

No entanto, se você traz essa ideia para o mundo dos ternos e gravatas, a coisa complica. Não dá para sair por aí bancando o adepto ao mantra "YOLO" (*You Only Live Once*, ou "você só vive uma vez", em tradução livre) o tempo todo. O mundo corporativo tem muros e barreiras que nem sempre vemos, mas que estão lá para impedir qualquer um de entrar. E o Joni só queria ser ele, sem frescuras, sem se preocupar com o que os outros iam pensar.

No final das contas, porém, ele sacou que não dava para ser lobo solitário. Ele entendeu que, ok, é legal ser autêntico, mas que também precisava trazer as pessoas para dentro dos seus sonhos gigantes. Porque a gente até vai rápido sozinho, mas junto a gente vai longe!

Esse foi um exemplo prático de um protagonista que "quer" algo, porém tem que entender que aquilo de que "precisa" é mais importante.

Sua audiência pode querer ganhar muito dinheiro, mas o que ela precisa é entender que dinheiro é consequência de algo muito maior, como querer resolver um problema real do mundo.

AO CONTRÁRIO DO CINEMA, A VIDA NÃO É EDITADA. ELA SE DESENROLA COM TODAS AS SUAS NUANCES, SEUS ALTOS E BAIXOS.

@JoniGalvao
@DennisPenna

03.

PARA SER INESQUECÍVEL, PRECISA SER FORA DE SÉRIE

Agora que você entendeu a importância do entretenimento em sua palestra, o seu poder de mexer com as emoções da plateia, a sua responsabilidade de usar o seu poder para inspirar ação e a diferença entre o que a audiência quer e o que ela precisa, chegou o momento de compreender como um palestrante inesquecível se destaca daqueles tradicionais. Vamos juntos?

CRIATIVIDADE, ORIGINALIDADE E A FUGA DOS PADRÕES

A guerra contra os clichês

Há um fantasma que assola o mundo das histórias, palestras e filmes, e ele tem nome: clichê. Seu poder é transformar qualquer trama em algo previsível, arrancando a magia e a surpresa, deixando a audiência com uma sensação de déjà-vu. Você tem uma escolha a fazer: ir pelo caminho mais fácil e rápido, repetindo fórmulas que já funcionaram no passado, ou partir para o mundo desconhecido da originalidade, bem longe de tudo que já foi feito.

Existe também um terceiro caminho, que é subverter esse fantasma. Ou seja, utilizar o clichê, mas com um toque de originalidade para que ele seja reconhecido como algo já visto pela audiência, porém nunca dessa forma.

O clichê anula nossa capacidade de pensar e sentir profundamente. Ele nos tira o poder de experimentar emoções autênticas e formar pensamentos originais.

43

Alguns exemplos do cinema:

- O personagem consegue desativar a bomba sempre no último segundo;
- O casal que se conhece no parque e sempre tem um banquinho ao lado para começarem o namoro;
- Perseguições perigosas que não deixam vítima alguma;
- Uma fuga que sempre passa no meio de uma cozinha e os cozinheiros e ajudantes nunca ficam com medo. Eles nem tentam escapar, apenas continuam o seu trabalho;
- A última batalha do filme com o vilão ganhando, em que o protagonista todo ensanguentado, quase morto, encontra uma força final para então derrotar o seu inimigo.

Viu como o clichê rouba o suspense, a tensão e, acima de tudo, a autenticidade?

As palestras não estão imunes a esse mal. Quando um palestrante recorre a histórias batidas e frases feitas, ele não apenas perde a chance de impactar profundamente sua audiência, mas também corre o risco de ser esquecido.

O público anseia por originalidade e autenticidade. Ele quer ser desafiado, surpreendido e, acima de tudo, inspirado. No entanto, como pode ser, se tudo o que ouve é o mesmo script repetido?

O clichê é sedutor. Ele oferece segurança. É a fórmula comprovada que foi usada inúmeras vezes. Ao optar pela segurança de seguir o caminho que todos usam, porém, sacrificamos a oportunidade de sermos verdadeiramente memoráveis e impactantes.

Alguns exemplos de clichês em palestras:

- A vítima que nasceu em uma família humilde e se tornou bilionária;
- Frases de efeito de grandes personalidades. Por exemplo: "Insanidade é continuar fazendo sempre a mesma coisa e esperar resulta-

dos diferentes",[15] citação comumente atribuída a Albert Einstein, mas com autoria desconhecida, que, aliás, funciona bem para explicar o que acontece quando você insiste no clichê;

- Na entrada da palestra, o palestrante cumprimenta a audiência com um bom-dia e, então, depois da resposta sem energia, ele diz: "Ah, não! Tá fraco. De novo, bom dia...";
- Usar termos genéricos achando que está fazendo algum bem para a audiência, que não consegue imaginar o que aquilo significa. Por exemplo: resiliência, paixão, excelência, comprometimento, propósito, entre outros;
- Dicas que estamos cansados de ouvir:
  » "O tempo cura tudo";
  » "Depois da tempestade vem a bonança";
  » "É tudo uma questão de equilíbrio";
  » "Use o seu bom senso";
  » "Tente ver pelo lado bom";
  » "Amanhã é um novo dia".

> **UMA MANEIRA DE USAR O CLICHÊ A SEU FAVOR PODE SER FALAR O QUE TODO MUNDO JÁ SABE DE UM JEITO QUE NINGUÉM VIU.**

Por exemplo, em vez de dizer "Fuja da zona de conforto", podemos optar por "Encontre sua zona de desconforto".

A lei dos retornos diminutivos

Muito utilizado no cinema, essa lei consiste no fenômeno de perda do interesse quando somos submetidos diversas vezes ao mesmo estímulo. Muito associa-

---

[15] DESCONHECIDO. *In*: **Pensador**. Disponível em: https://www.pensador.com/frase/NjY1NDYw/. Acesso em: 27 fev. 2024.

do ao clichê, a "lei dos retornos diminutivos" se aplica a qualquer situação. Basta avaliarmos se a audiência já conhece determinado conceito, assunto, tema, e então termos a coragem de abandonarmos aquilo que sempre utilizamos.

A lei sugere que a exposição repetida a um mesmo estímulo resultará em uma resposta emocional ou intelectual decrescente do público.

Importância de reconhecer e adaptar-se
Reconhecer os sinais de retornos diminutivos é vital para quem quer se comunicar de maneira criativa e original. Abandonar ou reinventar fórmulas desgastadas permite a inovação e a manutenção do interesse da audiência. Caso contrário, corre-se o risco de tornar o conteúdo previsível e, por fim, desinteressante.

Em um mundo saturado de conteúdo, em que a concorrência pela atenção da audiência é acirrada, a capacidade de reconhecer e adaptar-se à lei dos retornos diminutivos pode ser o que diferencia uma obra de arte ou entretenimento memorável de algo fadado a ser esquecido. É um lembrete para os criadores sempre reavaliarem e questionarem suas abordagens, desafiando-se a inovar e a apresentar algo novo para seu público.

A seguir, serão expostos diversos exemplos de como essa lei se apresenta em produções audiovisuais e nos circuitos de palestras – todos ilustram como a repetição excessiva ou a falta de inovação podem resultar em uma resposta menos entusiástica do público ao longo do tempo:

 Filmes e séries que continuam ganhando sequência: a indústria cinematográfica está repleta de franquias de filmes. O primeiro filme de uma série, se bem-sucedido, muitas vezes leva a várias sequências. Enquanto o primeiro ou até mesmo o segundo filme pode ser recebido com entusiasmo, à medida que mais sequências são produzidas, o público pode começar a achar a fórmula cansativa e menos emocionante.
A aplicação da lei: a série *Jogos vorazes*, por exemplo, teve um enorme sucesso com seu primeiro filme[16]. No entanto, enquanto os filmes

---

[16] JOGOS vorazes. Direção: Gary Ross. Estados Unidos: Color Force, 2012. Vídeo (142 min).

subsequentes ainda eram populares, a resposta crítica e a excitação do público foram se atenuando. O que foi original e emocionante no primeiro filme tornou-se menos impactante nas sequências.

 Técnicas de filmagem ou efeitos especiais: quando a técnica de *bullet-time* (um tipo de efeito em câmera lenta que permite ao público ver uma cena de múltiplos ângulos) foi introduzida em *Matrix*,[17] ela foi revolucionária e deixou o público maravilhado.

A aplicação da lei: depois do sucesso de *Matrix*, muitos outros filmes tentaram replicar o *bullet-time*. Com o tempo, o público começou a se acostumar com a técnica, e o impacto inicial foi se perdendo, tornando-se apenas mais um efeito especial no arsenal de um cineasta.

 Temáticas recorrentes em séries: muitos seriados possuem episódios que giram em torno de um tema central ou de uma dinâmica específica entre personagens. Por exemplo, a tensão romântica entre dois personagens principais.

A aplicação da lei: no começo, essa tensão pode criar um gancho que mantém os espectadores ansiosos pelo próximo episódio. No entanto, se essa tensão é prolongada por tempo demais sem resolução ou evolução, os espectadores podem começar a se cansar. O que antes era um gancho emocionante se torna uma fonte de frustração ou desinteresse.

 Histórias pessoais de superação: muitos palestrantes motivacionais recorrem às próprias histórias pessoais de superação de adversidades como uma forma de inspirar o público. Essas narrativas, quando contadas pela primeira vez, podem ter um forte impacto emocional.

A aplicação da lei: no entanto, se um palestrante conta a mesma história em várias palestras ou se várias personalidades do mundo motivacional compartilham histórias semelhantes, o efeito emocio-

---

[17] MATRIX. Direção: Lana Wachowski; Lilly Wachowski. Estados Unidos: Warner Bros; Village Roadshow Entertainment, 1999. Vídeo (136 min).

nal inicial pode diminuir para o público. O que era uma fonte de inspiração torna-se previsível e perde parte de seu poder.

Fórmulas e frases de efeito: algumas palestras motivacionais se baseiam em fórmulas específicas ou frases de efeito para impulsionar o público. Frases como "Você pode fazer qualquer coisa!" ou "Acredite em si mesmo!" são comuns.

A aplicação da lei: enquanto essas frases, de início, podem ser eficazes, ouvir as mesmas mensagens repetidamente pode tornar o conteúdo menos impactante. O público pode começar a ver essas fórmulas e dizeres como clichês e, assim, dar menos valor à mensagem geral da palestra.

Dinâmicas interativas: muitos palestrantes motivacionais incorporam dinâmicas interativas, como pedir ao público que repita certas frases, que se levante ou interaja com a pessoa ao lado. Essas atividades visam energizar o público e fazê-lo se sentir mais envolvido.

A aplicação da lei: o dinamismo é importante, claro; no entanto, se essas dinâmicas se tornarem previsíveis ou forem usadas em excesso, podem perder eficácia. O que era uma maneira inovadora de envolver a audiência torna-se uma rotina esperada.

Para que as palestras motivacionais mantenham sua relevância e impacto, os palestrantes devem estar cientes da lei dos retornos diminutivos e, continuamente, buscar maneiras de renovar suas abordagens, garantindo que a sua audiência tenha sempre uma experiência de surpresa e impacto.

Palestra ou show?

Quanto mais você conseguir incluir elementos de um espetáculo, seja de cinema, seja de um show – algo como o Cirque du Soleil, por que não? –, maior será o engajamento do público. No entanto, cuidado para não se empolgar e passar do ponto! Pode ficar piegas quando você não domina a arte de entreter a audiência.

Já produzimos centenas de palestras, em muitas das quais utilizamos teatralização. Já criamos um diálogo entre o palestrante e uma inteligência artificial, que foi gravada antes. Já fizemos vários palestrantes mudarem suas roupas no meio da apresentação para ajudar a transmitir uma mensagem. Já incluímos banda durante a palestra, parecido com o *Programa do Jô*, em que o orador realizava uma entrevista com um convidado e, ao mesmo tempo, a banda fazia intervenções musicais. Já fizemos a audiência cantar junto em um coro que foi preparado durante a palestra. As possibilidades são inúmeras. Basta você encarar que o momento da apresentação é uma oportunidade para gerar experiências que podem ficar na mente e no coração da audiência por muito tempo.

"Se eu mudar uma só pessoa da audiência, já estou feliz"

Muitos palestrantes iniciam suas apresentações com a esperança de transformar a audiência, dizendo com frequência: "Se eu conseguir mudar pelo menos uma pessoa, já estou feliz!". No entanto, pare e reflita: alguém realmente contrata um palestrante para impactar apenas UMA pessoa?

A verdadeira meta de uma palestra é alcançar todos os presentes – e isso é possível! Quando reconhecemos a dor ou o anseio comum que permeia cada indivíduo da audiência, podemos moldar a palestra para essa realidade específica. O autor Brian McDonald, em *The Golden Theme*,[18] diz que, para criarmos histórias que movem a todos, precisamos entender que compartilhamos valores essenciais, universais e sentimentos comuns. Ao nos conectarmos com esses valores intrínsecos, temos a capacidade de alcançar e influenciar cada pessoa na audiência, porque, no nosso interior, somos todos iguais.

Quando você vai se apresentar para um grupo de uma empresa que é composto de todos os níveis hierárquicos, desde o CEO até o estagiário,

---

[18] McDONALD, B. **The Golden Theme**: How to Make Your Writing Appeal to the Highest Common Denominator. Omaha: Talking Drum LLC, 2017.

pode parecer que é preciso contar histórias distintas. Se a palestra for técnica e específica, tudo bem, é necessário dividir a audiência. Por exemplo, se a palestra é sobre como ser um CEO bem-sucedido, talvez o estagiário perca o interesse. E se for sobre como se preparar para ser um líder, talvez seja mais interessante para o estagiário, que está começando e deseja alcançar cargos de liderança na empresa. A verdade, porém, é que temas mais gerais – por exemplo, práticas de autoliderança ou os impactos de uma cultura humanizada em todos os níveis da organização – chamam a atenção da audiência em sua totalidade.

Para você entender melhor o que queremos dizer, vamos a mais um exemplo: ao longo da história da humanidade, diversas religiões emergiram em diferentes partes do mundo. Cada uma com os próprios rituais e tradições. No entanto, quando olhamos profundamente para essas crenças, notamos uma semelhança surpreendente em seus núcleos. Apesar das diferenças superficiais, há verdades que são compartilhadas entre todos nós. No coração de quase todas as religiões está o desejo de compreender o nosso propósito, de nos conectar com algo maior e de buscar a bondade. Mesmo que as práticas e as crenças específicas variem, a busca fundamental pelo entendimento e pela conexão é a mesma.

As religiões, assim como as histórias, servem de espelho para a humanidade, refletindo nossos medos, esperanças e desejos mais profundos. E, mesmo que as abordagens e interpretações possam diferir, o cerne da busca humana por significado e conexão permanece constante. Assim, através dessa lente, todos nós, independentemente de nossa fé ou crença, somos, em essência, iguais.

Não ter a história na cabeça e depender do PowerPoint (ou similar)

A ferramenta PowerPoint, assim como outras plataformas de apresentação, tem o objetivo de auxiliar e enriquecer o discurso do palestrante, adicionando elementos audiovisuais que podem emocionar, elucidar e envolver a audiência. No entanto, há um desafio quando esse tipo de recurso se transforma em muleta para o apresentador, em vez de complemento.

Imagine a sensação de andar de bicicleta com rodinhas de apoio. É confortável e seguro, mas não proporciona a verdadeira experiência e liberdade de pedalar. Uma apresentação eficaz é semelhante ao processo de tirar as rodas de apoio da bicicleta: pode parecer arriscado no início, mas a liberdade que o palestrante adquire proporciona uma experiência de forte conexão com a audiência, pois é como se a apresentação fosse um bate-papo, um diálogo.

O cerne de qualquer boa apresentação é a narrativa. (Em breve, exploraremos os elementos essenciais de uma história bem contada.) No entanto, é comum ver palestrantes que se tornam reféns de seus slides, lendo cada tópico deles e dependendo completamente do arquivo de apresentação. Atribuir a culpa ao PowerPoint por uma apresentação mal executada é o mesmo que culpar um instrumento musical por uma má performance.

A verdadeira essência de uma apresentação impactante reside na capacidade do apresentador de internalizar e compreender sua narrativa, de modo que ele possa se destacar mesmo sem recursos visuais. Pergunte a si mesmo: *Se houvesse uma falha técnica, eu seria capaz de continuar a minha palestra?*.

Certo dia, Joni Galvão foi chamado para abrir um evento, com uma palestra de trinta minutos em um auditório com mais de mil pessoas. Preparou tudo. Ensaiou várias vezes. Testou o PowerPoint com áudio, vídeo e muitas imagens. Tudo estava pronto para o show. Quando Joni subiu no palco e clicou para passar um vídeo, a luz acabou. Parecia que seria rápido, mas o problema era sério. Joni deu início ao improviso, falando sobre os clichês que usamos nas conversas. "Esfriou, né, gente? Passou rápido esse ano, né? Nossa, já, já estamos no Natal! Melhor colocar o pulôver, pois vai esfriar." E começou a dizer o que as mães e tias da família falavam quase que diariamente. A audiência riu, pois já viveu a mesma situação. Assim, ao se conectar com o público, Joni foi crescendo. Ele, enfim, resolveu deixar o arquivo em PowerPoint de lado, pegou o gancho no improviso que fez e falou sobre a falta de originalidade nas apresentações. Foi até o final, sem recurso visual algum, pois tinha a história na cabeça. Não decorada, mas compreendida.

Seguir "regras" rígidas de oratória que mais engessam do que libertam

As habilidades de oratória, por muito tempo, foram vistas como o correto para discursar efetivamente. Originadas para aprimorar a eloquência de políticos, elas acabaram, contudo, por tornar muitos discursos monótonos e desprovidos de autenticidade. Ao contrário do que se prega, oratória não é apenas seguir regras específicas, mas conectar-se com sua audiência de modo genuíno.

Hoje, em inúmeros ambientes corporativos, observamos profissionais presos a regras arcaicas de apresentação. Em nossos treinamentos, sempre enfatizamos uma regra de ouro: **seja você mesmo**. Como já mencionamos, o público pede por autenticidade, percebendo facilmente quando um palestrante está sendo artificial.

Em nossa imersão, muitos nos dizem frases como:

○ "Mas não posso colocar as mãos no bolso!"
○ "Jamais devo ficar de costas, certo?"
○ "E palavrões? Nem pensar, né?"
○ "E gírias? São proibidas?"
○ "Cruzar os braços é sinal de fechamento, correto?"

Desconsideramos todas essas "regras" em nossos treinamentos.

Outro exemplo que ilustra bem o motivos pelos quais não devemos ficar presos às regras rígidas de oratória: um dia, Joni foi convidado para dar uma palestra em um evento cujo palco tinha a configuração de um ringue de boxe. Chegando ao local, foi surpreendido pela organizadora, que revelou a decepção com as apresentações anteriores e a necessidade de "salvar" o evento. Estava prestes a entrar em cena quando ela alertou: "Ah, e nada de palavrões!". Desconcertado, pois frequentemente usa palavras mais fortes para enfatizar seu discurso, decidiu fazer diferente. Ao pisar no palco, propôs à audiência: "Podemos ter esta palestra de duas maneiras: com ou sem palavrões. Quem vota pela versão com palavrões?". A reação foi ensurdecedora! E, assim, Joni fez a apresentação, autêntica e desinibida. E sabe de uma coisa? Foi f*da!

Querer ser "como" alguém e não ser o seu estado mais autêntico

A busca incessante para nos espelhar em figuras icônicas como Steve Jobs pode, muitas vezes, nos distanciar de nossa singularidade e autenticidade. Steve Jobs, conhecido por suas apresentações memoráveis, conseguiu construir uma imagem tão impactante que seu estilo de apresentação se tornou um padrão de excelência para muitos. Por consequência, diversas publicações e cursos promovem a ideia de "apresentar-se ao estilo Jobs". No entanto, é essencial lembrar: você não é Steve Jobs. E isso é algo bom! Cada indivíduo tem um conjunto único de habilidades e perspectivas que pode, inclusive, superar referências conhecidas, desde que autênticas.

A Programação Neurolinguística (PNL) oferece um conceito interessante chamado **modelagem**.[19] A técnica visa decifrar e compreender o funcionamento mental de indivíduos que são referência em determinadas áreas. O objetivo é identificar padrões de pensamento e estratégias mentais que possam ser aplicados para otimizar o desempenho pessoal. No entanto, é crucial entender que modelar estratégias bem-sucedidas não significa tentar replicar a identidade de outra pessoa.

Adotar estratégias bem-sucedidas é benéfico, mas tentar transformar-se em um clone de outra pessoa é uma armadilha. Afinal, ter sucesso não

---

[19] MODELAGEM através da PNL: entenda. **IBND**, 24 set. 2021. Disponível em: https://www. ibnd.com.br/blog/modelagem-atraves-da-pnl-entenda.html. Acesso em: 27 fev. 2024.

é copiar alguém, mas descobrir e aprimorar a melhor versão de si mesmo. É aí que reside a verdadeira magia da autenticidade: reconhecer e valorizar o que você, e somente você, pode oferecer ao mundo.

CORAGEM DE SER DIFERENTE: PARA NOS DESTACAR, TEMOS QUE CORRER RISCOS

Saindo da zona de conforto e sabendo a hora de voltar

É inerente ao ser humano estar em direção ao que é confortável. Desenvolvemos padrões que nos confinam a rotinas previsíveis, muitas vezes resistindo à mudança, mais ou menos como diz o ditado: "Em time que está ganhando não se mexe". No entanto, as maiores inovações surgem quando nos aventuramos além do familiar.

Consideremos o exemplo de palestras convencionais. O padrão é iniciar com uma apresentação pessoal, detalhando currículo e compartilhando informações que, muitas vezes, não têm relevância direta para a audiência. Há uma tendência em segmentar o conteúdo em "X dicas para Y", criando partes isoladas sem uma conexão que flui entre elas. Essa abordagem frequentemente recorre a longas explicações em vez de narrativas envolventes. No entanto, para uma palestra de fato memorável, é essencial romper com o padrão, tecendo uma história que cative o público.

No mundo corporativo, um exemplo emblemático é a Apple. Sob a liderança de Steve Jobs, a empresa não se contentou em seguir as tendências do mercado, optando por inovar e, assim, redefinir os padrões da indústria de tecnologia. A decisão de criar o iPhone, por exemplo, foi um salto para o desconhecido que poderia ter falhado. No entanto, foi exatamente essa disposição para assumir riscos e sair da zona de conforto que consolidou a Apple como uma das empresas mais inovadoras do mundo.

Assim como em uma boa narrativa, todos nós começamos em nossa zona de conforto, mas os eventos da vida nos empurram para o desconhecido – que é onde crescemos e nos transformamos. Ao final de cada jornada rumo ao que não é familiar, estabelecemos um novo padrão de conforto, enriquecido pelas experiências adquiridas.

> EM UMA PALESTRA, ENFRENTAMOS UMA AUDIÊNCIA QUE, EM SUA MAIORIA, TEM DIFICULDADE DE SAIR DESSA ZONA DE CONFORTO. E ESTE É UM DOS PAPÉIS DE UMA PALESTRA: ESTIMULAR O MOVIMENTO EM DIREÇÃO AO DESCONHECIDO, ONDE NÃO HÁ NADA DE CONFORTÁVEL. TUDO ISSO PARA ATINGIR NOVAS ZONAS DE CONFORTO.

Não há nada de errado em apreciar momentos de conforto. No entanto, é essencial reconhecer quando é a hora de sair de nossa zona segura para inovar e evoluir. E, para isso, é preciso entender que a segurança de viver no que é familiar tira também a capacidade de criarmos algo original.

O que só você tem e que torna a sua história única

Em sua primeira empresa de criação de apresentações, a Soap, Joni foi chamado pela Endeavor para dar uma palestra sobre como criar uma apresentação no estado da arte. Ele já costumava dar essa palestra, mas naquela vez algo o deixou desanimado – estava cansado de fazer algo que muitos poderiam fazer por ele. Qualquer pessoa com presença de palco poderia estudar seu livro e ensinar a receita que ele ensinava. Então, chamou os roteiristas da Soap e lançou o desafio: "Como fazer as pessoas aprenderem a criar uma apresentação de um jeito que só eu posso fazer? De um jeito que não dá pra ser copiado?".

Eles, curiosos sobre sua jornada e o que o levou a revolucionar o mercado de apresentações, ouviram Joni narrar diversas experiências pessoais por mais de duas horas. Ao término, com olhares fixos nele, um dos membros do time disse: "Sua palestra está pronta. Ela se chama 'O menino que só tinha uma chance'".

De imediato, Joni se identificou com o título da palestra. Curioso, indagou sobre a abordagem, e a resposta foi precisa: "À medida que você compartilha momentos únicos de sua vida, paralelamente, destrincha essas vivências, revelando os princípios fundamentais de uma apresentação impecável. Sua história pessoal é o fio condutor, enquanto as técnicas de apresentação tornam-se a subtrama".

Acessar o vídeo da palestra "O menino que só tinha uma chance" é fácil! Basta apontar a câmera do celular para o QR Code ao lado e aproveitar!

Esse é um exemplo em que a história pessoal é a trama principal e os ensinamentos mais técnicos são subtramas da apresentação. No entanto, nem sempre a palestra é sobre o personagem: ela pode ter foco pessoal e a intenção de transmitir uma "tese" sobre algo, ou mesmo os dois juntos. As palestras do TED, por exemplo, são, em sua maioria, focadas em uma ideia central que vale a pena contar para o mundo.

Se você quer ter o que ninguém tem, é preciso fazer o que ninguém faz

Em um mundo repleto de pensamentos homogêneos, destaca-se quem ousa pensar diferente. Embora a inovação seja um tema muito debatido em empresas e círculos de discussão, são poucas as pessoas verdadeiramente inovadoras – e a razão disso é simples: é mais cômodo seguir o fluxo do que nadar contra a corrente.

Pegar carona em ideias preexistentes pode parecer uma escolha sensata. No entanto, isso quase nunca leva a descobertas revolucionárias. O universo das palestras ilustra bem isso, em que muitos reproduzem fórmulas batidas. Frequentemente, nós nos apegamos a comportamentos e ideias que validamos antes, limitando nossa capacidade de inovar.

Para capturar a atenção e o fascínio de uma audiência, é essencial trilhar caminhos nunca antes percorridos. Esse é o jeito para se tornar um palestrante inesquecível.

Como já vimos até aqui, nós somos levados a nos encaixar, seguir modelos que já deram certo. Isso é mais seguro, mas dificilmente vai levar você para um lugar de destaque. No máximo, você vai ser mais um – e o mundo não precisa de mais palestrantes iguais ou normais, e sim de palestrantes inesquecíveis. São pessoas que carregam uma "luz" e podem iluminar o caminho de quem faz parte da audiência.

Agora que você sabe quais armadilhas evitar para conseguir abraçar sua originalidade, criatividade e coragem para ser diferente, chegou o momento de explorarmos como a narrativa pode ser uma aliada poderosa na construção de uma palestra fora de série. Esperamos você nas próximas páginas!

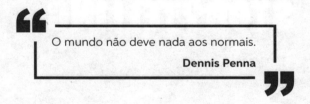

> O mundo não deve nada aos normais.
> **Dennis Penna**

04.

O *STORY* DO STORYTELLING

Quando falamos de apresentações memoráveis, é impossível não falar de contação de histórias. Nos circuitos de palestras e marketing, a arte do storytelling é frequentemente mencionada, mas nem todos compreendem sua essência e profundidade. Para decifrar esse termo, é crucial fazermos uma distinção entre as partes que o compõem: *story* e *telling*.

Story refere-se à concepção e ao planejamento da mensagem. É aqui que moldamos o roteiro, estabelecendo uma conexão potencial com o público. Trata-se da essência, da temática central, da premissa e da estrutura da narrativa. Já o *telling*, por sua vez, é a manifestação viva dessa história. Seja em um filme – em que ele dá vida ao roteiro por meio da criação de cenas que compõem o arco narrativo –, seja em uma palestra – na qual representa a linguagem visual e os recursos audiovisuais que capturam a atenção do público –, o *telling* engloba a postura do palestrante, sua linguagem verbal e não verbal e todos os elementos que colaboram para transmitir de modo efetivo a mensagem concebida no *story*.

Para uma palestra inesquecível, é preciso ter uma narrativa com uma história de **qualidade** que seja **magistralmente** contada. A ênfase nessas palavras é crucial. A excelência tanto da trama quanto de sua apresentação determina a capacidade de capturar e reter a atenção do público do início ao fim.

Enquanto o *story* nos proporciona insights e aprendizados, o *telling* nos cativa e entretém. Uma apresentação com um visual digno de Hollywood, mas com uma narrativa superficial, é ineficaz. Mesmo que você tenha George

Lucas como produtor da sua palestra, se a essência da sua história for frágil, todos os esforços serão em vão.

Vamos esquentar os motores para mergulharmos profundamente no universo de uma boa história bem contada.

Substância

- **Tema central:** uma boa história tem algo significativo a dizer a respeito da natureza humana ou do mundo ao seu redor. Não envolve apenas eventos, mas o que há por trás desses eventos. Esse significado é o que move o público a se entregar para o universo da história criada.

- **Personagens profundos:** personagens bem desenvolvidos que enfrentam dilemas morais e fazem escolhas difíceis são fundamentais em uma boa narrativa; afinal, é por meio desses personagens que uma história oferece insights do comportamento humano. Uma palestra que não tem personagens e não está humanizada pode ser meramente técnica, o que diminui de modo significativo as chances de gerar alguma transformação. Reflita: algo na vida acontece sem alguma influência direta ou indireta do ser humano?

Estrutura

- **Causa e efeito:** uma boa história tem uma cadeia clara de causas e efeitos, em que um evento leva ao próximo de maneira lógica e satisfatória. Chamamos de "trama", ou seja, a "costura" entre eventos (cenas) que saem de um ponto A para um ponto B.

- **Reviravoltas da história:** a história deve evoluir e progredir. Os personagens e a trama têm que passar por reviravoltas que mantenham a atenção do público. Idealmente, uma cena (ou slide) começa com uma carga de valor positiva ou negativa – e, no final, essa carga deve mudar. Caso contrário, você deve cortar aquela mensagem, só a mantendo na apresentação se ela servir para passar informações relevantes, mas sem variação de carga de valor.

- **Clímax:** toda boa história vai se complicando progressivamente e constrói um arco que liga o começo com o clímax emocionante, em que as tensões e os conflitos atingem seu ponto máximo. Como diz Robert McKee: "Guarde o melhor para o final".[20]

Estilo

- **Voz autêntica:** uma história bem contada tem uma voz distinta e autêntica. Ou seja, ela não é uma imitação de outras histórias, mas tem a própria identidade.
- **Subtexto:** o que está "abaixo da superfície" muitas vezes é tão importante quanto o que é dito de maneira explícita. Um bom contador de histórias sabe como usar subtexto para adicionar profundidade e nuance. Usamos subtexto o tempo todo. E, quando ele aparece, a narração ganha em tensão e curiosidade. Por exemplo, repare na frase: "Procure a magia novamente". Se tirássemos o "novamente", não teríamos subtexto. No entanto, desse jeito o subtexto é: tínhamos magia quando éramos crianças e o mundo adulto a sequestrou – mas é possível recuperá-la.

Princípios da narrativa

- **Conflito:** o conflito – seja interno, seja externo – é o motor de qualquer boa história. Ele é resultado de uma quebra de expectativas. O caminho para alcançarmos os nossos sonhos e objetivos não é uma linha reta, e a vida vai preparar armadilhas – e esses desafios nos fazem evoluir e aprender.

---

[20] McKEE, R. **Story**: substância, estrutura, estilo e os princípios da escrita de roteiro. Curitiba: Arte & Letra, 2017.

O story do storytelling **61**

- **Mostrar, não contar:** mencionamos esse conceito brevemente antes, mas sempre é importante reforçá-lo. Em vez de apenas dizer ao público como os personagens se sentem ou o que está acontecendo, é mais poderoso mostrar isso por meio de ações, diálogos e detalhes. Quanto mais a audiência consegue visualizar o que está acontecendo na história sem você precisar quebrar a fluidez descrevendo tudo em demasia, maior a chance de ela se lembrar do que lhe foi passado.

Em suma, uma história de qualidade e magistralmente contada é aquela que tem substância, estrutura bem definida, estilo distinto e aderência aos princípios fundamentais da narrativa. Não se trata apenas do que é contado, mas de como é contado. Contar histórias é uma forma de arte que exige tanto técnica quanto paixão.

A DIFERENÇA ENTRE CONTEÚDO E HISTÓRIA: UM HISTÓRICO NÃO É NECESSARIAMENTE UMA HISTÓRIA

A diferença entre conteúdo e história é crucial para entender a arte da comunicação eficaz. Muitas vezes, as pessoas confundem uma simples apresentação de fatos ou informações com a contação de uma história envolvente. Vamos elucidar isso com clareza e exemplos práticos.

Pense em duas palestras:

- **Palestra A:** um palestrante sobe ao palco e começa a descrever a história de sua empresa. Ele fala sobre quando foi fundada, quem foram os principais investidores, quais foram as principais datas de lançamento de produtos e outros marcos cronológicos. Essa apresentação é rica em dados, mas falta algo que prenda a atenção do público.

- **Palestra B:** outro palestrante começa a falar sobre os desafios enfrentados ao iniciar sua empresa. Ele conta sobre as noites maldormidas, a hesitação em momentos críticos, as vitórias inesperadas e as lições aprendidas. Ele tece uma trama envolvente, levando o público a uma jornada emocional.

Qual é diferença entre essas duas apresentações? A primeira é puro conteúdo – uma série de fatos dispostos cronologicamente. A segunda é uma história – um relato envolvente com começo, meio e fim, em que o público se sente parte da jornada do palestrante.

Aqui estão os conceitos-chave que você deve ter em mente quando pensa em conteúdo, história e trama:

- **Conteúdo:** são os dados brutos, as informações factuais e as descrições. Um manual de instruções, uma linha do tempo ou uma lista de ingredientes são exemplos de conteúdo.
- **História:** é uma narrativa que tem um arco, personagens, conflito e resolução. Uma história transporta o ouvinte ou leitor para dentro de um universo, fazendo-o se identificar e se emocionar com os personagens e situações.
- **Trama:** é a estrutura que dá forma à história, o esqueleto que sustenta a narrativa. É a trama que determina o ritmo, os pontos de virada e o clímax da história.

Muitas vezes, as pessoas dizem "Quero contar minha história", mas, na realidade, o que elas têm é um vasto histórico de experiências e acontecimentos. Para transformar esse histórico em uma história memorável, é essencial selecionar os momentos mais significativos, construir uma trama envolvente e apresentá-la de maneira que ressoe com sua audiência. Ao fazer isso, o conteúdo bruto se transforma em uma obra de arte narrativa que permanecerá na mente do público por muito tempo.

O MÉTODO 4 × 4: QUATRO ELEMENTOS PARA QUATRO MOMENTOS

O Método 4 × 4 é um recurso para sair do zero e construir uma história que inspira com uma trama envolvente. Antes de mergulharmos nesse assunto, porém, é preciso entender o conceito de **limitação criativa**.

Robert McKee é um dos mais renomados instrutores de escrita de roteiros e autor do influente livro *Story*, que trata da estrutura e dos princípios da narrativa. Dentro de seus muitos conceitos sobre a arte da narrativa, ele explica o que é limitação criativa.

O conceito refere-se à ideia de que restrições e limitações, em vez de impedir a criatividade, podem na realidade potencializá-la. Quando os escritores têm infinitas possibilidades à sua disposição, podem ficar sobrecarregados ou indecisos, levando à paralisia da análise ou à falta de foco. No entanto, quando são forçados a trabalhar dentro de certos limites ou parâmetros, essas restrições podem inspirar soluções inovadoras e caminhos narrativos originais.

McKee argumenta que, ao definir limitações para a história – seja um cenário específico, um conjunto de personagens ou um tema particular –, o escritor é desafiado a explorar a profundidade desse espaço limitado, levando a descobertas e inovações que podem não ter sido realizadas em um campo mais amplo de jogo.

Essencialmente, a limitação criativa é um meio de focar a mente e canalizar a energia criativa de maneira mais eficaz. Em vez de ver limitações como barreiras, elas são vistas como oportunidades para aprofundamento e refinamento da história.

Isso vale para o entretenimento puro e para o mundo corporativo, com suas mensagens de comunicação as quais incluem o desenvolvimento de uma palestra.

Apresentaremos agora os quatro elementos que devem ser definidos para colocarmos em quatro momentos específicos da história. Se tudo isso for feito com criatividade, orientado para a audiência e buscando transformação, sua palestra será digna de Oscar.

A seguir, explicaremos os quatro elementos com mais profundidade.

IDEIA GOVERNANTE — **UNIVERSO DA HISTÓRIA** — **PROTAGONISTA E SEU DESEJO** — **FORÇAS ANTAGÔNICAS**

Ao adentrarmos o universo da narrativa, nos deparamos com múltiplos conceitos e princípios que guiam a construção de histórias impactantes. Entre eles, a ideia governante destaca-se como uma ferramenta vital, com frequência citada por experts no campo da escrita e da comunicação. Robert McKee, Joni Galvão e Karl Iglesias oferecem perspectivas valiosas sobre esse conceito e sua aplicação prática, sobretudo no contexto das palestras corporativas.

Robert McKee e a ideia governante

No já citado livro *Story*, Robert McKee define a ideia governante como a verdade subjacente que uma história busca comunicar. Ela não é meramente um tema, e sim a essência, a mensagem central que guia cada elemento da narrativa. Para McKee, a ideia governante é o norte que dá coerência e profundidade a uma história, garantindo que cada cena, personagem e diálogo reforce essa ideia central.

Joni Galvão e as super-histórias

Joni Galvão, no livro *Super-Histórias*, também aborda a importância da ideia governante, especialmente no contexto corporativo. Ele sugere que, para criar uma narrativa impactante no mundo dos negócios, é essencial identificar e articular uma ideia central poderosa que ressoe com o público-alvo.

Karl Iglesias e a emoção na narrativa

Karl Iglesias, em *Writing for Emotional Impact*,[21] amplia nossa compreensão sobre a importância da emoção na construção da narrativa. Para Iglesias,

---

[21] IGLESIAS, K. **Writing for Emotional Impact**: Advanced Dramatic Techniques to Attract, Engage, and Fascinate the Reader From Beginning to End. Livermore: WingSpan Press, 2005.

qualquer ideia governante deve ser embasada em emoções profundas, pois são elas que realmente conectam o público à história. Uma ideia governante sólida, quando carrega emoção genuína, pode criar uma resposta visceral no público, tornando a narrativa inesquecível.

Aplicando a ideia governante em palestras corporativas

Muitos palestrantes constroem suas palestras com base no que eles sabem do assunto que vão abordar, e não na mensagem que eles querem passar ao final da palestra – a ideia governante. É como se ela fosse uma tese que só você sabe e que precisa compartilhar com o mundo, pois fará dele um lugar melhor.

Todo (bom) filme, série, peça de teatro ou livro possui uma só ideia que governa todas as decisões de roteiro. Isso garante a compreensão da audiência e evita aquela confusão e tendência de querer mostrar tudo, mas, no fim, não dizer nada.

No ambiente corporativo, em que a atenção do público é constantemente desafiada, a ideia governante torna-se uma ferramenta inestimável. Ao desenvolver uma palestra, o orador deve primeiro identificar sua ideia governante: ela deve ser clara, concisa e, acima de tudo, emocionalmente carregada.

Uma vez definida, cada aspecto da palestra – desde os slides apresentados até as histórias contadas – deve reforçar essa ideia. Isso cria uma coesão na apresentação e garante que a mensagem central seja entregue de maneira impactante.

AO ADOTAR A IDEIA GOVERNANTE COMO A BASE DA SUA PALESTRA CORPORATIVA, VOCÊ NÃO APENAS CAPTURA A ATENÇÃO DO SEU PÚBLICO, MAS TAMBÉM CRIA UMA EXPERIÊNCIA NARRATIVA SIGNIFICATIVA E MEMORÁVEL, GARANTINDO QUE SUA MENSAGEM NÃO APENAS SEJA OUVIDA, MAS TAMBÉM SENTIDA E LEMBRADA.

Alguns exemplos do entretenimento são:

- **Filme:** *O rei leão*, de 1994.[22]
  Ideia governante: o ciclo da vida nos impõe responsabilidades que envolvem enfrentar o passado e retomar nosso lugar legítimo.
- **Filme:** *Matrix*, de 1999.
  Ideia governante: somos controlados e temos nossa liberdade sequestrada, até conseguirmos encontrar a verdade sobre nossa identidade.
- **Filme:** *Forrest Gump – O contador de histórias*, de 1994.[23]
  Ideia governante: a vida é imprevisível, mas a bondade e a integridade podem guiar uma pessoa por muitos desafios e aventuras, independentemente de suas limitações.

Essas ideias governantes servem de espinha dorsal de suas respectivas histórias, orientando as ações dos personagens, os eventos da trama e as mensagens transmitidas ao público.

As palestras, assim como os filmes, são moldadas em torno de ideias centrais ou mensagens principais. Grandes palestrantes são lembrados não apenas por suas habilidades oratórias, mas também – e principalmente – pelas poderosas ideias governantes que comunicam.

Aqui estão algumas ideias governantes de palestras memoráveis de palestrantes renomados:

- **Palestra:** Steve Jobs na Cerimônia de Formatura da Universidade de Stanford, em 2005.[24]
  Ideia governante: "Permaneça faminto, permaneça tolo e desafie o status quo; assim, você será mais feliz e realizado".

---

[22] O REI leão. Direção: Roger Allers; Rob Minkoff. Estados Unidos: Walt Disney Animation Studios, 1994. Vídeo (89 min).

[23] FORREST Gump – O contador de histórias. Direção: Robert Zemeckis. Estados Unidos: The Tisch Company, 1994.

[24] DISCURSO Steve Jobs (legendado) completo. 31 maio 2012. Vídeo (14min24s). Publicado pelo canal i3onlinebr. Disponível em: https://www.youtube.com/watch?v=45xrq0wpqv4. Acesso em: 27 fev. 2024.

- **Palestra:** Martin Luther King Jr. no Lincoln Memorial, em 1963.[25]
  Ideia governante: "Eu tenho um sonho. Quando o mundo passar a 'julgar' as pessoas pelo seu caráter, e não pela cor da sua pele, alcançaremos igualdade e justiça".
- **Palestra:** Simon Sinek no TEDxPuget Sound, em 2009.[26]
  Ideia governante: "Comece pelo porquê. Só assim os seus negócios serão muito mais prósperos e terão muito mais fãs".

Essas ideias governantes servem de essência das respectivas palestras, capturando o coração da mensagem e deixando um impacto duradouro no público. Todas foram escritas pelos autores deste livro, conforme seu entendimento de cada palestra – a ideia governante percebida por cada um pode variar um pouco, mas elas sempre serão muito parecidas.

IDEIA GOVERNANTE	UNIVERSO DA HISTÓRIA	PROTAGONISTA E SEU DESEJO	FORÇAS ANTAGÔNICAS

Ao mergulhar na envolvente atmosfera de um filme ou palestra, somos imediatamente transportados para um **lugar específico**, em um **determinado momento**, com **personagens distintos**, que têm **desejos e ambições**, mas **enfrentam obstáculos** para alcançá-los. Essa jornada se desenrola por meio de **eventos consecutivos**, levando-nos a testemunhar uma **transformação significativa**.

A magia das palestras, ao contrário dos filmes, reside no seu poder de transformação imediato. Ambos seguem uma estrutura narrativa similar, mas a palestra tem um objetivo adicional: provocar uma mudança tangível

---

[25] DISCURSO completo de Martin Luther King – Eu tenho um sonho (I Have a Dream). 29 ago. 2013. Vídeo (16min43s). Publicado pelo canal Luiz Polito. Disponível em: https://www.youtube.com/watch?v=-QT1logxcZo. Acesso em: 27 fev. 2024.

[26] COMO os grandes líderes inspiram à ação. Set. 2009. Vídeo (17min47s). Publicado por TED: Ideas Worth Spreading. Disponível em: https://www.ted.com/talks/simon_sinek_how_great_leaders_inspire_action/transcript?language=pt. Acesso em: 27 fev. 2024.

no público, fazendo com que saiam do encontro mais enriquecidos e inspirados do que quando entraram.

> **O CERNE DE QUALQUER HISTÓRIA – SEJA NO CINEMA, SEJA EM UMA APRESENTAÇÃO CORPORATIVA – ESTÁ EM ESTABELECER UM UNIVERSO BEM DEFINIDO COM REGRAS CLARAS, PERSONAGENS MEMORÁVEIS E UMA PREMISSA INSTIGANTE. ESSA PREMISSA É FREQUENTEMENTE INTRODUZIDA PELA PERGUNTA: "E SE…?".**

Por exemplo, pense na palestra icônica de Steve Jobs para formandos da Universidade de Stanford, chamada "Conecte os pontos". A premissa poderia ser algo como: "E se você soubesse que tem um tempo limitado de vida? O que você faria de diferente?". A partir daí, Jobs construiu sua narrativa sobre seguir sua paixão e intuição, utilizando a sua trajetória como um exemplo da transformação que ele queria incutir em seu público.

Vamos considerar o filme *Toy Story*. A pergunta principal é: "E se os brinquedos tivessem emoções e desejos como nós, humanos?". Isso nos leva a uma trama centrada no medo de ser substituído, representado por Woody, quando um novo brinquedo, Buzz Lightyear, entra em cena.

De maneira similar, em uma palestra corporativa, podemos começar com: "E se sua empresa pudesse dobrar a produtividade sem aumentar os custos?". A resposta a essa pergunta guiará o desenvolvimento da apresentação, tocando os desafios, soluções e resultados esperados.

Em suma, a capacidade de criar uma premissa forte – tanto para entretenimento como para um ambiente empresarial – é o que define a força e o impacto da história contada. Seja capturando a imaginação, seja inspirando ação, uma narrativa bem construída tem o poder de transformar e iluminar seu público.

| IDEIA GOVERNANTE | UNIVERSO DA HISTÓRIA | PROTAGONISTA E SEU DESEJO | FORÇAS ANTAGÔNICAS |

Não existe uma boa história sem o envolvimento de pessoas – e isso também vale quando falamos de histórias que giram em torno de objetos ou seres que não são humanos. Se os personagens da trama não são humanizados – ou seja, não conseguimos ver nossas emoções refletidas neles –, não há conexão. Um bom exemplo são as animações da Pixar, que muitas vezes destacam animais e objetos (como meios de transporte, na série de filmes *Carros*[27]).

Vamos a um exemplo prático: você assiste a uma palestra sobre a fórmula de lançamento do marketing digital e outra sobre alguém que aprendeu, acertou, errou e hoje domina a técnica e arte de lançar produtos, fazendo sua empresa prosperar – a última, com certeza, é mais fácil de se conectar.

Imagine uma criança descrevendo o seu primeiro dia de aula:

- **Sem protagonismo:** "A escola tinha três andares, minha sala será no segundo andar, começou a aula de Matemática, depois a de Química, depois teve recreio e então liberaram mais cedo".
- **Com protagonismo:** "Pai, o meu primeiro dia de aula foi um saco, insuportável".

Qual das duas descrições chama mais a sua atenção?

Ao vermos algo que envolve pessoas em perigo, ou buscando algo que para nós é legítimo, passamos a torcer e a identificação surge. É como se aquilo estivesse acontecendo com a gente.

A história não é sobre **quem você é**, mas, sim, **quem é a audiência**. Pode parecer estranho. Então quer dizer que devo contar a história dela? Não! No entanto, ao escolher a abordagem da sua narrativa, faça em cima de valores que são universais; assim, todos podem se conectar, pois vão se sentir den-

---

[27] CARROS. Direção: John Lasseter. Estados Unidos: Pixar Animation Studios e Walt Disney Pictures, 2006. Vídeo (96 min).

tro da trama e investidos com o desfecho da narrativa. Um bom storytelling faz a sua audiência se sentir protagonista da história contada.

> **BONS PERSONAGENS REQUEREM UMA TRAMA QUE OS FORÇA A SUPERAR SEUS DESAFIOS, E BOAS TRAMAS REQUEREM PERSONAGENS PARA QUE A HISTÓRIA SEJA CONTADA.**

O protagonista é forçado a resolver um problema, de tal forma que ele não tem escolha a não ser "sujar suas mãos" – e a razão pela qual queremos proteger os personagens de que gostamos e não os ver sofrer é que no fundo, secreta e inconscientemente, eles são a gente!

Bons personagens vêm da honestidade sobre eles mesmos: ou seja, têm forças e fraquezas. Eles erram, aprendem, sonham e fazem tudo que fazemos. E a verdade é uma só: o que faz um protagonista interessante são suas falhas. Além das forças antagônicas que são naturais da reação do mundo quando tentamos alcançar algo, o lado ruim do protagonista também nos interessa, pois o faz mais interessante, multidimensional, mais real.

Ao criar um personagem, é preciso levar em consideração:

- Seus desejos e motivações;
- Seus conflitos emocionais;
- Seus pontos fracos e fortes;
- O que ele precisa aprender ou superar.

Um personagem em uma palestra é a representação da realidade. Ou seja, ele não é real. Mesmo que seja uma história com você no centro, ele sempre será apenas uma interpretação do mundo real, já que é impossível representar fielmente a realidade. Impossível e chato – afinal, todo entretenimento exige uma pitada de escapismo.

Por outro lado, na cabeça da audiência, esse personagem deve existir e trazer uma realidade que a inspira a agir em direção a uma transformação.

O story do storytelling **71**

Dois elementos fazem parte de um personagem bem desenvolvido:

Caracterização

É a soma de todas as qualidades observáveis – uma combinação que faz do personagem único:

- **Em um filme:** aparência física, estilo de fala, gesticulação, sexualidade, idade, profissão, personalidade, atitudes, onde mora, o que faz para se divertir etc.;
- **Em uma palestra corporativa:** como pensa, quais valores tem, como toma decisão, como vê o futuro, o que faz no dia a dia etc.

Verdadeiro personagem

A personalidade verdadeira de uma pessoa só pode ser expressa por meio de sua escolha diante de um dilema – ou seja, como ela age sob pressão define quem ela é. Quanto maior a pressão, mais verdadeira e profunda será a revelação do personagem.

O protagonista é o personagem principal e aquele que justifica a existência de todos os outros personagens da trama. Além disso, é ele que mais se transforma durante a história.

Um protagonista forte não muda de personalidade; esta é revelada ao longo da história.

O protagonista carrega valores, crenças e, o mais importante, desejos.

Uma boa história mostra a trajetória de transformação desse personagem central durante a narrativa.

- **Exemplo de um personagem fraco mal caracterizado e longe da verdade:** "Nosso banco vai fazer uma fusão com o concorrente e isso nos levará a outro patamar. Todos serão beneficiados e esperamos que contribuam no processo".
- **Exemplo de um personagem forte com a verdade revelada:** "Tivemos que fazer uma escolha difícil: continuar brigando com nosso

principal concorrente e termos dificuldades de crescimento, ou nos unirmos a uma empresa que sempre foi nossa adversária. Escolhemos correr o risco de nos unirmos a eles. Risco calculado, que certamente trará benefícios pra todos que estiverem neste barco. Claro que não será fácil, assim como qualquer grande mudança. Mas, quando tudo isso passar, olharemos para trás com uma sensação de realização".

IDEIA GOVERNANTE	UNIVERSO DA HISTÓRIA	PROTAGONISTA E SEU DESEJO	FORÇAS ANTAGÔNICAS

Forças antagônicas são a soma total das forças que se opõem ao desejo e à necessidade do personagem/protagonista. O princípio do antagonismo é o menos entendido no ambiente corporativo.

Quanto mais fortes forem as forças antagônicas, mais forte tem que ser o personagem que as combate.

Se uma audiência está sentada para ouvir uma ideia, é porque ela possui alguma força contrária que a impede de conseguir o que quer. Caso contrário, não estaria lá! Sua palestra deve responder à questão: como eu devo viver a minha vida? E, claro, não existe uma só resposta, e isso é o que torna uma história interessante. É uma constante busca por "ter uma vida melhor". O problema é que o que é relevante na vida não vem fácil – o caminho é tortuoso e repleto de obstáculos.

As empresas possuem uma dificuldade de assumir esse lado difícil da vida. Nas recepções, o que mais vemos são aqueles quadros com visão, missão, valores e propósito. Tudo orientado ao positivo, sem trazer o conflito natural que vai aparecer, por exemplo, quando a empresa precisa colocar em prática o valor de "sustentabilidade".

Esses quadros são quase um modelo pronto:

- **Nossos valores:** honestidade, ética, foco em resultados, respeito e diversidade;
- **Nossa missão:** oferecer aos nossos clientes produtos e serviços de alta qualidade, atendendo às necessidades de nossos acionistas e

O story do storytelling **73**

criando valor para o planeta, conseguindo desenvolver uma sociedade sustentável.

Claramente, essas palavras e frases não representam "a vida como ela é" dentro da empresa. E arriscamos dizer que nenhum funcionário acredita nela, é apenas uma fachada: algo bonito, genérico e custoso (já que é provável que tempo e dinheiro tenham sido gastos com consultorias para chegar às conclusões apresentadas no quadro).

Muitas vezes lemos essas palavras e conversamos com alguns funcionários, perguntando se eles sabem qual é a missão e os valores das empresas em que trabalham. Nenhum deles sabe. O que não nos surpreende, pois é isso que acontece na maioria das empresas.

Agora, o mais importante, você sabe por que isso acontece?

O lado positivo da vida só existe por causa do lado negativo. Nós só lutamos para sermos algo positivo porque queremos evitar o negativo. Nós só nos fortalecemos e arregaçamos nossas mangas quando precisamos. Quando forças contrárias aparecem na nossa frente.

Em outras palavras, uma empresa quer honestidade, ética, foco em resultados, respeito e diversidade, porque existem muitas pessoas desonestas, antiéticas, sem foco em resultado, desrespeitosas e preconceituosas.

Ignorar o lado negativo da vida é uma doença chamada **negafobia**, nome dado por Robert McKee para o medo do lado negativo e suas consequências. Essa doença é responsável pela criação de culturas insustentáveis e frágeis.

E, muito provavelmente, será nesse ambiente que você entrará para dar sua palestra.

Isso acontece, pois, quando fugimos da realidade, ficamos limitados a enxergarmos apenas o lado "Poliana" da vida.[28] E, então, criamos posicionamentos que são mentirosos e não geram identificação, já que todos sabemos que a vida não é esse "mar de rosas".

---

[28] SÍNDROME de Poliana. *In*: WIKIPEDIA. Disponível em: https://pt.wikipedia.org/wiki/Sindrome_de_Poliana. Acesso em: 27 fev. 2024.

74   Crie palestras inesquecíveis

A tentativa de chegar à perfeição (a marca perfeita, o produto perfeito, a pessoa perfeita) cria relacionamentos vulneráveis e propícios a terem um final trágico. Afinal, a qualquer momento essa máscara vai cair. A vida inevitavelmente, uma hora ou outra, nos coloca de joelhos – e, nesse instante, não importa o quanto você se acha perfeito: você terá que arrancar forças de algum lugar que nunca foi visitado pelo seu consciente para vencer esse desafio.

Quando você assume suas imperfeições e mostra **o que** você é capaz de fazer, mesmo quando vulnerável, passa a ser alguém admirado.

Escolher a adaptabilidade como um valor da empresa, assumindo que existe muita rigidez entre as pessoas que ali trabalham, por exemplo, abre portas para o **aprendizado** e para um caminho de evolução fundamental para pessoas se tornarem mais fortes como indivíduos e como grupo. Afinal, todo mundo tem dentro de si um lado adaptável e um lado rígido, e saber lidar com essa dualidade, essas forças antagônicas, é se tornar um protagonista mais forte.

Agora, chegou o momento de conhecermos os quatro momentos com mais profundidade.

AMBIENTAÇÃO	INCIDENTE INCITANTE	COMPLICAÇÕES PROGRESSIVAS	CLÍMAX

Definidos os quatro elementos, chegou a hora de criarmos a trama que vai dar vida a eles. O primeiro objetivo da sua palestra quando ela começa é "comprar" a atenção da audiência. Quem escuta você precisa pensar: *Tenho que prestar atenção, pois isso me interessa.*

O principal inimigo do palestrante é a distração da audiência. Se ela não prestar atenção, não vai entender; se não entender, não vai se lembrar; e, se não se lembrar, não vai se transformar.

Ambientar não é "quebrar gelo". É usar o tema da palestra e criar um início surpreendente, que seja original e faça a ligação com a próxima etapa da trama, que é o incidente incitante.

O *story* do storytelling **75**

Muitos palestrantes gostam de entrar, dar bom-dia/tarde/noite e pedir mais energia. Eles então saem novamente e pedem que a audiência grite, bata palmas... enfim, você entendeu. Nós não recomendamos que sua entrada seja feita desse jeito, pois já virou um clichê, e você nunca vai saber o quanto a audiência já viu ou não uma cena dessa. No lugar disso, você pode usar a mesma ideia, de sair e entrar mais uma vez, mas com um toque de originalidade. Por exemplo, coloque uma música de uma banda de rock e peça que todos vibrem como se estivessem em uma arena com a banda favorita deles.

A ambientação só será definida depois que os quatro elementos estiverem bem formados. Então, é como se fosse o "era uma vez". Você vai apresentar sobre quem é a história e dar pistas do que ela trata. A audiência deve ficar curiosa pelo que está por vir. A ambientação prepara o primeiro grande conflito da história que veremos a seguir.

Não somos a favor de "decorebas". No entanto, logo nos primeiros minutos, programe cada palavra, cada ação. É quase um teatro, pois você também tem que sentir que a audiência "comprou a ideia" e vai embarcar no universo de história que você está sugerindo.

Alguns exemplos de entradas no TED:

- **Palestra:** "O meu ataque de introspecção", de Jill Bolte Taylor, em 2008.[29]
  Entrada: Taylor abre sua palestra segurando um cérebro humano real em suas mãos, imediatamente capturando a atenção da audiência e deixando todos curiosos sobre o que ela tem a dizer sobre sua experiência pessoal com um derrame.
- **Palestra:** "Como os grandes líderes inspiram à ação", de Simon Sinek, em 2009.
  Entrada: Sinek abre sua apresentação com a pergunta: "Como você explica quando as coisas não saem como o esperado? Ou melhor, como

---

[29] O MEU ataque de introspecção. Fev. 2008. Vídeo (18min24s). Publicado por TED: Ideas Worth Spreading. Disponível em: https://www.ted.com/talks/jill_bolte_taylor_my_stroke_of_insight?language=pt. Acesso em: 27 fev. 2024.

você explica quando os outros são capazes de alcançar coisas que parecem desafiar todas as suposições?". Ele imediatamente captura a curiosidade da audiência ao abordar a ideia de sucesso inesperado.

- **Palestra:** "O assombroso poder atlético dos quadricópteros", de Raffaello D'Andrea, em 2016.[30]

  Entrada: D'Andrea começa sua fala com uma demonstração ao vivo de drones executando tarefas complexas e movimentos precisos. A capacidade técnica e a coordenação dos drones imediatamente cativam a audiência.

- **Palestra:** "Como falar de forma que as outras pessoas queiram ouvir?", de Julian Treasure, em 2013.[31]

  Entrada: Treasure começa sua palestra com uma série de sons – desde o choro de um bebê até uma sirene – e, em seguida, discute o poder e a importância do som em nossa vida. Essa abordagem audível imediatamente chama a atenção e destaca a essência de sua palestra.

Você vai entender melhor como ambientar depois de conhecer a estrutura de atos. Tudo vai se encaixar, fazer sentido e facilitar a criação do seu roteiro.

Certo dia, na abertura de um evento chamado Conarec, Joni tinha que levar dicas de apresentações no estado da arte. Ele entrou no palco já cometendo todos os erros comuns a todos: slides poluídos, lendo tópico a tópico da apresentação, imagens clichês, conteúdo mais do mesmo; enfim, o pessoal já estava incomodado. Alguns até estavam anotando, acreditando naquela atuação. Então, entram no palco Marcos Mion e Mionzinho. Eles

---

[30] O ASSOMBROSO poder atlético dos quadricópteros. Jun. 2013. Vídeo (15min54s). Publicado por TED: Ideas Worth Spreading. Disponível em: https://www.ted.com/talks/raffaello_d_andrea_the_astounding_athletic_power_of_quadcopters?language=pt-BR. Acesso em: 27 fev. 2024.

[31] COMO falar de forma que as outras pessoas queiram ouvir? Jun. 2013. Vídeo (9min44s). Publicado por TED: Ideas Worth Spreading. Disponível em: https://www.ted.com/talks/julian_treasure_how_to_speak_so_that_people_want_to_listen?language=pt. Acesso em: 27 fev. 2024.

fizeram uma desconstrução da pior apresentação do mundo e, no final, devolveram o controle de slides para Joni, pedindo que ele mostrasse como seria a melhor apresentação do mundo – sempre fazendo referência ao seu programa de "os piores clipes do mundo" – e deixando subentendido que tudo não passou de uma ambientação que capturou a atenção da audiência.

Claro que você não precisa do Mion. A ideia aqui é começar de um jeito contrário ao que quer passar. E depois, em uma virada, quando a audiência não aguenta mais, você revela a verdade, joga na lixeira o começo fake e então dá o seu show.

Importante: para a ambientação estar bem entendida e funcionar, temos que trabalhar o conceito de *backstory*, que é o que aconteceu no passado e que precisa ser dito antes de começar a essência da história, já que essa é condição para o entendimento geral do público.

| AMBIENTAÇÃO | INCIDENTE INCITANTE | COMPLICAÇÕES PROGRESSIVAS | CLÍMAX |

O incidente incitante é um evento que tira a vida do protagonista do equilíbrio, forçando-o a entrar em um mundo desconhecido, de altos e baixos, para então chegar ao clímax.

É quando perguntas são criadas na mente da audiência. Essas questões devem ser respondidas ao longo da palestra – mas a principal, só no final. Repetindo a citação de McKee, precisamos "guardar o melhor para o final" sempre.

O incidente incitante, por ser um evento que desestabiliza a vida do protagonista, gera automaticamente a necessidade por uma transformação e deve abrir as portas para um caminho que será trilhado em direção a um objetivo ou desejo do seu personagem – esse momento é o motivo que nos faz assistir a uma história e que nos mantém grudados na tela ou mesmo na apresentação de alguém.

O protagonista, então, vai passar o resto da história tentando reestabelecer o equilíbrio em sua vida – ou seja, com base no incidente incitante, você tira o seu personagem central de uma certa **ordem** e o leva para o **caos**.

78 Crie palestras inesquecíveis

Depois desse momento, uma questão dramática é definida. Para manter a curiosidade, essa pergunta não deve ser respondida até o final do segundo ato, pelo menos – não se preocupe, explicaremos melhor esse ponto narrativo mais adiante.

Além disso, uma vez estabelecido o incidente incitante, o protagonista também se depara com um sério dilema: ele deve se envolver com a situação ou ignorar o problema? É o momento da Jornada do Herói,[32] em que que o personagem principal sente uma resistência para sair da sua zona de conforto e aceitar o chamado da aventura. Ao vencer seu dilema, ele entra em uma jornada que o transformará para sempre – o nosso protagonista, então, a partir desse momento, nunca mais será o mesmo.

E claro, se ele ignorar o chamado, a história não vai existir.

Se minha narrativa é sobre uma bola de futebol que fica no terraço de casa e não faz nada, não temos uma história. No entanto, se alguém a chuta e essa bola acerta a cabeça de um policial – que se assusta, dispara a sua arma e machuca alguém por acidente –, temos o começo de uma história.

Como você pode perceber pelo exemplo anterior, o incidente incitante pode ser positivo ou negativo. O importante é ele trazer um bom nível de pressão para o protagonista da história. Outro exemplo desse momento seria um personagem promovido que se sente inseguro, pois não tem as habilidades necessárias para exercer a nova função. Ele, então, esconde isso de todos e essa omissão passa a ser o conflito principal da história.

O incidente incitante também é muito importante para o ritmo narrativo, já que coloca em **movimento** todos os outros dois momentos da história: o das complicações progressivas e o do clímax.

Alguns incidentes incitantes comuns são:

- A quebra de uma empresa;
- Uma separação;

---

[32] CAMPBELL, J. **O herói de mil faces**. São Paulo: Pensamento, 2009.

- A morte de alguém;
- O nascimento de alguém;
- A descoberta de uma doença mortal;
- O dia em que você pediu demissão para virar empreendedor;
- Alguma humilhação que desperta raiva e vontade de vingança.

Para definir o seu incidente incitante, siga as dicas a seguir:

- Escolha um evento específico que mudou o rumo da sua vida;
- O seu incidente deve ser um grande conflito ou dilema, que faz você ser obrigado a rever conceitos, crenças e modo de vida;
- Não caia na armadilha de tornar a vida do protagonista fácil: dificulte criando um incidente incitante de relevância;
- Não se esqueça de que esse momento deve ter uma carga de valor que seja importante para a audiência se importar com o que vem a seguir.

AMBIENTAÇÃO | INCIDENTE INCITANTE | COMPLICAÇÕES PROGRESSIVAS | CLÍMAX

Depois do incidente incitante, o protagonista deve enfrentar um mundo desconhecido. Isso porque, como explicamos anteriormente, o seu dilema o tirou de uma vida de equilíbrio – só lhe resta, então, enfrentar um mundo que mais se parece com uma montanha-russa.

Um exemplo prático que todos nós vivenciamos foi o estouro da pandemia de covid-19. O incidente incitante não foi o surgimento do vírus, mas a informação de que precisaríamos ficar em casa sem saber por quanto tempo – e foi a partir desse ponto que cada um entrou em um mundo desconhecido que chamamos de **complicações progressivas**.

Complicar uma história significa gerar mais e mais conflito, trazendo forças antagônicas cada vez mais fortes – criando, assim, uma sucessão de eventos que geram caminhos sem volta na trajetória do seu personagem.

Nossa vida é assim. Uma série de complicações que, muitas vezes, nos colocam em caminhos sem volta e deixam a nossa história progressivamente com mais conflitos.

O CONCEITO DE **PONTO SEM VOLTA** ESTÁ RELACIONADO A ESTE TEMA DE MODO DIRETO.

Ponto sem volta é a brecha que se abre como consequência de uma ação que o personagem toma buscando uma resposta do ambiente ou das pessoas que o cercam. Quando essa resposta provoca forças de antagonismo, as brechas se abrem e temos, então, um ponto sem volta – o momento em que uma decisão precisa ser tomada para tentar restaurar a ordem da vida.

Esforços mínimos não serão suficientes para resolver a brecha, o problema, o obstáculo. Por isso, nós admiramos os personagens com dificuldades aparentemente impossíveis!

As progressões devem ser cada vez maiores, levando a pontos sem volta e forçando o protagonista a ser cada vez mais desafiado, utilizando assim sua capacidade plena de responder às forças antagônicas do mundo.

A lei do conflito é a alma da história. Sem conflito não existe vida. A essência da vida é a escassez. Nunca temos o suficiente. Amor, dinheiro, paz, segurança etc. E o fato de lidarmos com recursos escassos já é uma forma de criarmos conflito em nossa vida. E por trás de todo conflito moram as forças antagônicas.

A vida é um conflito depois do outro. Quando resolvemos um, criamos ou amplificamos outro.

Para desenhar complicações progressivas, é preciso transitar bem pelos níveis de conflito:

- **Interno:** emoções, crenças limitantes, traumas etc.;
- **Pessoal:** relação com os outros;
- **Extrapessoal:** relação com instituições e organizações;
- **Forças da natureza:** aquilo que não controlamos, mas influenciamos.

O *story* do storytelling **81**

AMBIENTAÇÃO | **INCIDENTE INCITANTE** | **COMPLICAÇÕES PROGRESSIVAS** | **CLÍMAX**

Qualquer boa narrativa deve levar a um clímax surpreendente e inevitável, como disse Aristóteles. É surpreendente, pois não queremos que a audiência antecipe o que vai acontecer, e inevitável no sentido de não ter outra opção: o roteiro foi tão bem amarrado que esse final era o único possível depois de toda a trama desenvolvida.

Muitos acham que o final tem que ser feliz. Não! Ele deve trazer um ensinamento, uma "moral", um fechamento daquilo que foi "plantado" no início. Até porque, na vida, qualquer conquista vem também com algumas renúncias.

Retomamos mais uma vez o mantra de Robert McKee: "Guarde o melhor para o final". Um final memorável pode até salvar algum problema de roteiro.

Se uma palestra tem por objetivo transformar a audiência, o clímax deve ser um espelho para que espectadores entendam que aquilo que aconteceu com o protagonista pode ser uma inspiração na vida deles.

O clímax tem relação direta com o incidente incitante, pois este abre perguntas que são respondidas no clímax. Qualquer boa história envolve mudança e revelação. Nesse sentido, você deve fazer a audiência esperar! Isso mesmo. Crie uma expectativa tão forte que incentive a vontade de chegar ao final.

Cuidado com algumas armadilhas. Resumir, concluir, fazer um encerramento; enfim, tudo que tem a intenção de explicar o que você falou só mostra que a história foi fraca e precisa desse desfecho chato para que o público entenda a mensagem central.

Da mesma forma que defendemos que o começo deve ser original, o final também tem de ser algo que a audiência nunca viu.

E, se você quer dar continuidade à sua história, deixe alguma "pista" aberta que será respondida depois; assim, você mantém a curiosidade.

82 Crie palestras inesquecíveis

A ESTRUTURA DE TRÊS ATOS COMO ESQUELETO DA SUA PALESTRA

A estrutura de três atos é uma ferramenta narrativa comumente utilizada não só em palestras, mas também em filmes, peças de teatro e na literatura. Sua eficácia se dá pelo ritmo natural que ela estabelece, permitindo ao público acompanhar a evolução da história com clareza e interesse crescente. Nós vimos essa estrutura brevemente no Capítulo 2, quando falamos sobre os princípios narrativos de Aristóteles, mas vamos aprofundar o tema resgatando o que vimos agora, nos quatro momentos do Método 4 × 4.

Ato 1: ambientação e incidente incitante

- **Conceito:** é a introdução do mundo em que sua narrativa se passa e dos personagens principais. Esse ato estabelece o status quo da história – ou seja, o estado normal das coisas.
- **Exemplo:** em uma palestra sobre mudança de carreira, o palestrante pode começar contando uma história pessoal, mostrando em que etapa estava profissionalmente e o que o levou a pensar em mudar.
- **Metodologia:** comece definindo o ambiente e contexto. Quem são os personagens principais? Qual é o ambiente? O que é considerado normal nesse mundo? Em seguida, introduza o incidente incitante, ou seja, o evento que desencadeia toda a ação subsequente e o momento que rompe com o status quo e instiga a necessidade de mudança ou ação do protagonista.

Ato 2: complicações progressivas

- **Conceito:** aqui, os personagens enfrentam uma série de desafios ou obstáculos. É uma fase de aprendizado, confronto e crescimento. A tensão aumenta gradualmente.

O story do storytelling **83**

- **Exemplo:** continuando o exemplo da mudança de carreira, o palestrante pode relatar os desafios enfrentados, como a falta de experiência em uma nova área, a resistência de familiares ou a dificuldade financeira.
- **Metodologia:** liste os desafios em uma ordem que faça sentido, do menos ao mais complexo. Mostre como os personagens (ou você, em uma palestra autobiográfica) lidaram com esses obstáculos e o que aprenderam no processo.

Ato 3: clímax

- **Conceito:** este é o ponto culminante da história. O principal conflito é resolvido, mas não necessariamente de uma maneira feliz ou esperada. É o momento de maior tensão e emoção.
- **Exemplo:** no caso da palestra sobre mudança de carreira, o clímax poderia ser o momento em que o palestrante consegue seu primeiro trabalho na nova área ou quando entende que a mudança aconteceu, de fato, mas há um preço alto a pagar. Finais felizes só nos contos de fadas da Disney, pois os originais têm finais trágicos – ou seja, são mais parecidos com a vida como ela é.
- **Metodologia:** enfatize o conflito central. Qual foi o maior desafio? Como ele foi enfrentado? Quais emoções estavam em jogo? Depois, conduza o público à resolução, mostrando as consequências das ações tomadas.

Os atos, por si só, são apenas a estrutura. O que realmente cativa e envolve o público é o corpo da história, ou seja, os eventos dentro de cada ato, os pontos de virada e as mudanças de valor.

Ao planejar uma palestra, portanto, pense nas emoções e lições que deseja transmitir, e use a estrutura de três atos como guia para ajudar a organizar seus pensamentos e entregar uma narrativa impactante.

O PRINCIPAL INIMIGO DO PALESTRANTE É A DISTRAÇÃO DA AUDIÊNCIA. SE ELA NÃO PRESTAR ATENÇÃO, NÃO VAI ENTENDER; SE NÃO ENTENDER, NÃO VAI SE LEMBRAR; E, SE NÃO SE LEMBRAR, NÃO VAI SE TRANSFORMAR.

@JoniGalvao
@DennisPenna

05.

O *TELLING* DO STORYTELLING

Agora que você sabe como estruturar a sua palestra, chegou o momento de entender como garantir que a sua apresentação seja inesquecível e realmente impacte o seu público. O *telling* do seu storytelling precisa estar afiado para a sua palestra se tornar memorável; para isso, vamos ensinar algumas técnicas de apresentação para melhorar a sua performance como palestrante. Vamos lá?

RAPPORT COM A AUDIÊNCIA

Uma boa comunicação acontece quando a mensagem enviada é igual à mensagem recebida.

Rapport é um conceito que significa harmonia na relação. Muito utilizado na PNL, o rapport só é alcançado quando existe uma ligação forte entre o emissor e o receptor – no caso, a audiência. O princípio fundamental aqui é do espelhamento, que significa criar um "espelho invisível" em que o receptor se enxerga nele. E, para isso, é preciso validar o modelo de mundo da audiência antes de passar qualquer mensagem de persuasão.

Você já deve ter reparado que os melhores vendedores são aqueles que não ficam "empurrando" o produto, mas aqueles que criam, antes de tudo, uma relação de confiança com o cliente.

O espelhamento pode acontecer de diversas maneiras, conforme os exemplos a seguir:

- Validando a forma como o outro pensa, mesmo que ela seja contrária à sua;

- Acompanhando o estado de espírito da audiência. Vale dizer: em uma plateia com muitas pessoas, devemos ter a capacidade de entender "no geral" os sentimentos, as emoções e o momento que todos estão vivendo;

- Resgatando o que o outro disse e repetindo algumas palavras. Mas cuidado, não é "imitar", é simplesmente estar 100% focado no outro e dando um feedback de que você está compreendendo sua visão de mundo;

- Validando as crenças e os valores da audiência, fazendo-a se conectar com você de modo consciente e inconsciente;

- Acompanhando os movimentos corporais, gestos e a forma como o outro se comunica com você. Em uma plateia grande, você pode escolher algumas pessoas e fazer esse monitoramento.

Vamos chamar de "acompanhar" a fase 100% voltada para a validação do outro, para a construção da base para a confiança, e de "conduzir" a fase em que estamos movendo, motivando as pessoas a seguirem determinado caminho. Antes de conduzir, devemos acompanhar.

Acompanhe, acompanhe, acompanhe e, então, conduza. No momento de escrever o roteiro da sua palestra, leve em consideração que a audiência precisa de um "aquecimento" para receber novos estímulos e ser conduzida para o estado desejado.

Digamos que o final da sua palestra é o **ponto B**, e o começo, o **ponto A**. A distância entre os dois é o tamanho do seu desafio. E, aqui, esses pontos significam o estado interno que a sua audiência vive e para onde você gostaria de conduzi-la. Já no roteiro, o ponto A e ponto B são, respectivamente, a ambientação e o incidente incitante no ato 1 e o clímax no ato 3.

Por exemplo, eu quero conduzir a audiência de um estado de insegurança e baixa autoestima para um lugar de plena confiança e convicção. Então, meu roteiro deve ser sobre alguém que não tinha convicção e não acreditava no seu talento, que chega a um estado de excelência, autoconfiança e segurança para tomar decisões importantes na sua vida. Nesse roteiro, o ato 2 representa o mundo desconhecido que o protagonista terá que enfrentar para poder alcançar a tão desejada autoconfiança.

Nesse exemplo, não tenha a esperança de que em uma hora os problemas relacionados a autoconfiança estarão resolvidos. Não existe caminho fácil. No entanto, você pode ser o instrumento que motiva a audiência a querer virar a chave. E essa mudança acontece de maneira gradativa, depois da palestra, quando a transformação de fato ocorre.

A PNL tem seus pressupostos básicos. Sem eles, dificilmente você conseguirá o tão desejado rapport. Vamos conhecê-los:

- O "mapa não é o território",[33] e sim uma representação dele – ou seja, nossa percepção da realidade é moldada por nossos valores, crenças, emoções e experiências, um "mapa" interno que usamos para interpretar a realidade, mas ele não é a realidade em si;
- Nós reagimos de acordo com o nosso "mapa" de mundo;
- Não existe "mapa" certo ou errado, e sim aquele que funciona mais ou menos dependendo do contexto;
- O melhor "mapa" é aquele com mais opções de escolha e flexibilidade para lidar com o "território".

E aqui uma pausa importante: a sua função como palestrante é ampliar o "mapa" da audiência. Fazê-la sair de um estado limitado de recursos para encontrar forças que nem ela imaginava ter. É como se a audiência começasse a palestra com um mapa daqueles feitos à mão com informações confusas e estáticas e terminasse com um aplicativo Waze em mãos, cheio de detalhes que vão facilitar os caminhos a serem seguidos.

---

[33] O MAPA não é o território. **SBPNL**, 2024. Disponível em: https://pnl.com.br/pressuposto-o-mapa-nao-e-o-territorio/. Acesso em: 28 fev. 2024.

Voltando aos pressupostos:

- Todo comportamento tem uma intenção positiva (para quem gerou o comportamento);
- Todo comportamento é útil em algum contexto;
- Sempre fazemos o melhor que podemos de acordo com os recursos disponíveis no nosso "mapa" (modelo de mundo);
- A qualidade da sua comunicação está na resposta que vem do outro, e não naquilo que você acha que foi entendido ou não;
- Não existe erro, e sim resultado – e essa premissa está muito relacionada com o dizer "fazemos o melhor que podemos".

COMO ACESSAR O SEU MELHOR ESTADO INTERNO

Como você viu, nós reagimos de acordo com nossos mapas, os quais podem, muitas vezes, estar limitados, sem recursos e sem as atualizações necessárias para chegarmos aonde queremos estar.

Muitos, por exemplo, nos procuram para perder o tal "medo de falar em público". Um exercício que fazemos é buscar na vida da pessoa algum momento em que ela sentiu os recursos de que precisa para brilhar no palco. Pode ser uma ocasião na qual teve autoconfiança, paixão pelo assunto, foco no momento sem deixar o diálogo interno atrapalhar, entre outros. Ao encontrar esse estado, conduzimos uma experiência de imersão nas emoções e na estratégia mental usada no contexto positivo. Pegamos esse aprendizado e replicamos ao falar em público.

Muitas vezes, apenas esse exercício não é o suficiente, então devemos descobrir qual ou quais são as crenças limitantes que impedem a boa performance no palco.

Não existe pessoa que não é interessante: sempre temos algum aspecto em nossa vida em que nos destacamos, amigos e família que nos admiram. Então, sim, você é interessante. O segredo está em encontrar as características de um "mapa" potente e seguro para se apresentar – e esse segredo

90   Crie palestras inesquecíveis

pode vir de suas experiências passadas ou mesmo modelando as características de quem brilha no palco.

É o conceito de modelagem que vimos no Capítulo 3: se uma pessoa pode alcançar um resultado específico, então é possível, em teoria, outra pessoa alcançar um resultado semelhante ao replicar os padrões de comportamento, pensamento e linguagem daquele que já obteve sucesso. Essa prática, portanto, é uma ferramenta poderosa para acelerar o aprendizado e alcançar a excelência em diversas áreas da vida.

Vamos ver como aplicar a modelagem em sua vida?

1. **Escolha seu modelo:** comece identificando um ou mais palestrantes que você admira e cuja habilidade gostaria de replicar. Pode ser alguém que você tenha visto pessoalmente, alguém famoso cujas palestras estejam disponíveis on-line ou até você mesmo em um contexto em que conseguiu manifestar as habilidades desejadas.

2. **Observação detalhada:** assista a várias apresentações do seu modelo. Enquanto assiste, faça anotações sobre a linguagem corporal (postura, gestos, movimentos faciais); qualidade vocal (tom, ritmo, volume); estrutura da apresentação (como introduz, desenvolve e conclui seu discurso); uso de histórias ou exemplos; como interage com a audiência; e quaisquer padrões ou repetições que você observe.

3. **Desconstrução e codificação:** divida o que você observou em partes gerenciáveis. Por exemplo, se notou que o palestrante usa pausas de maneira eficaz, pratique apenas essa técnica até que ela se torne natural para você.

4. **Prática deliberada:** comece a incorporar essas técnicas nas próprias apresentações. Inicie pequeno, adicionando uma ou duas técnicas de cada vez. Peça feedback a colegas ou mentores e ajuste conforme necessário.

5. **Avaliação constante:** depois de cada apresentação, reserve um tempo para refletir o que funcionou e o que não funcionou em sua fala, e faça ajustes conforme necessário.

O *telling* do storytelling   **91**

6. **Mente aberta:** lembre-se de que cada palestrante é único. Não se trata de copiar alguém exatamente, mas de replicar técnicas e adaptá-las ao seu estilo e personalidade.

O PODER DO IMPROVISO

A vida não tem roteiro. Em sua maioria, os eventos acontecem sem que saibamos o que eles vão preparar para a gente. Claro que, durante uma palestra, a situação é mais controlada. Podemos e devemos criar um roteiro, mas também é importante darmos margem para improvisos. A audiência percebe quando você improvisa e valoriza muito isso. Mas lembre-se: essa técnica só funciona bem se você se mantém na linha do roteiro; caso contrário, a audiência pode ficar perdida.

Uma das habilidades cada dia mais importantes é sermos capazes de responder com agilidade e criatividade às oportunidades e aos desafios que aparecem em nosso caminho.

O poder transformador do improviso nos coloca em uma situação de estarmos presentes, sem distrações e engajados no agora. Dessa forma, conseguimos viver uma vida mais significativa e satisfatória, além de transformarmos momentos aparentemente sem graça em eventos dignos de serem lembrados.

Muitas vezes, somos escravos de nossos scripts pessoais – aqueles que nos acostumamos a executar pela força do hábito, fazendo com que sejamos muito menos interessantes do que poderíamos ser. Nos apoiamos nessa zona de conforto, em que nos sentimos mais seguros e temos previsibilidade em nosso caminho.

Você pode continuar vivendo dessa forma ou escolher uma vida original, sendo mais interessante nas relações e tomando decisões sem repetir padrões que talvez estejam ultrapassados e limitando o seu potencial.

Cada dia mais a vida nos mostra que precisamos estar preparados para o desconhecido e prontos para nos adaptar às novidades que surgem em nosso caminho.

Ao nos depararmos com uma situação nova, podemos escolher entre repetir aquilo a que já estamos acostumados – ou seja, sermos previsíveis – ou quebrar padrões e improvisarmos para que nosso interlocutor se interesse pelas nossas histórias e para que mundo nos dê novas respostas e soluções aos obstáculos e dilemas à nossa frente.

Improvisar é:

- Se permitir testar, errar, passar vergonha e, mesmo assim, continuar tentando novos caminhos;
- Ser original em situações de maneira a quebrar com a expectativa do outro;
- Não se conformar com as respostas negativas que recebe repetidamente em sua vida;
- Deixar seu lado autêntico prevalecer e abandonar algumas "máscaras";
- Quebrar padrões;
- Utilizar seu repertório para gerar novas ideias;
- Aproveitar o que o outro diz, escutando-o até o fim, para, então, utilizar na sua resposta o que foi aprendido, fazendo-o sentir que uma "dança" começou entre vocês;
- Acreditar que, se mudarmos nosso comportamento, mudaremos a resposta que vamos obter do mundo;
- Fazer o outro se sentir bem em estar ao seu lado;
- Não se conformar com convenções;
- Não se conformar com a mesmice;
- Desafiar a rotina.

Você pode estar pensando que tudo isso é muito arriscado e que talvez não seja para você. Entendemos perfeitamente, afinal somos reféns das organizações que nos dizem o que fazer, o que falar e qual comportamento é o esperado. Dependemos desses padrões para darmos um pouco de previsibilidade à vida. Sem eles, ela seria um caos.

No entanto, para vivermos uma vida com autenticidade e espontaneidade, sendo mais interessantes, devemos aprender a negociar com esses pa-

O telling do storytelling **93**

drões. Driblá-los, quebrá-los e nos desapegarmos do que acreditamos que funcionou no passado.

Mas cuidado: ao contrário do que pode parecer, o improviso exige treinamento, prática e experiência.

TREINE, TREINE E TREINE. E, QUANDO ESTIVER CANSADO, TREINE MAIS. A EXCELÊNCIA VEM DA PRÁTICA

Já comentamos como Steve Jobs era conhecido por sua atenção aos detalhes, sobretudo quando se tratava de apresentações de produtos da Apple, certo? Ele entendia a importância de contar uma história e fazer uma conexão emocional com o público.

Jobs ensaiava exaustivamente antes de suas grandes apresentações. Ele começava a treinar semanas antes do evento e passava por várias rodadas de ensaios, refinando cada aspecto da apresentação, desde a sequência dos tópicos abordados até a sua entrega verbal, desde a demonstração do produto até as transições entre os slides.

Além disso, antes do dia da apresentação, Jobs realizava ensaios gerais no palco, garantindo que tudo, desde a tecnologia até a iluminação, funcionasse perfeitamente.

Não existe um número específico de vezes que ele ensaiava, já que isso poderia variar dependendo da palestra que seria dada. No entanto, é muito reconhecido que sua preparação intensiva e ensaios repetidos eram alguns dos principais fatores por trás de suas apresentações lendárias.

Existem algumas práticas que ajudam você a treinar de modo eficiente, já que o objetivo final de todo ensaio é preparar o apresentador para um show, controlando o maior número de variáveis que podem dar errado.

Vamos a elas:

- Tenha a história na cabeça. Não dependa do PowerPoint para lembrar o que você vai falar;

- Entenda qual é a mensagem principal e como cada cena, slide ou passagem da palestra está a serviço dela;
- Ao entender a sequência da história e como sua apresentação está estruturada, você pode criar antecipação, fazendo suspense e respondendo a perguntas com o próximo slide. A audiência vai perceber que você domina a história e que não é o PowerPoint que está no comando;
- Ensaie para um tempo menor do que aquele que você terá na palestra. Isso porque no treino o seu diálogo interno está mais "calminho" e na hora da palestra ele vai querer "ferrar" você! Na nossa experiência, praticamente todos os palestrantes falam mais na hora da verdade do que no ensaio. Então, na prática, se você tem cinquenta minutos de fala, ensaie para trinta!
- Faça uma passagem prévia pelos slides em poucos minutos, se obrigando a dizer a mensagem principal de cada um. Assim, você vai se apropriando cada vez mais da história e se tornará mestre da apresentação;
- No ensaio, considere pausas, deixando um tempo disponível para a audiência pensar e processar o que está sendo falado;
- Ensaie sob as condições que você estará na palestra. Seja de pé, seja falando no volume que você vai usar, tente replicar ao máximo a situação que vai vivenciar.

Por último, mas não menos importante: evite, ou melhor, nunca decore. Isso é coisa de colégio, quando as escolas incentivam a decorar o conteúdo que vai cair na prova. Um bom ator, por exemplo, não decora texto, e sim entende profundamente o que deve ser sentido e apenas se torna o personagem. Pode parecer estranho, mas esse conceito de não atuar e "ser" já é assunto de muitos livros, um deles é o *No Acting Please*,[34] escrito por Eric Morris e Joan Hotchkis e prefaciado por Jack Nicholson.

---

[34] MORRIS, E.; HOTCHKIS, J. **No Acting Please**: A Revolutionary Approach to Acting and Living. Los Angeles: Ermor Enterprises, 2011.

SHOW, DON'T TELL

Falamos brevemente sobre o *show, don't tell* no Capítulo 1, mas chegou a hora de entender como e por que utilizar essa regra de ouro quando o assunto é contação de história.

Explicações são chatas

Nós nos envolvemos com grandes filmes e séries porque, na maioria deles, não existe muita explicação. Ao contrário, tudo que pode ser mostrado com ação é feito dessa maneira – e esse é o motivo do nosso engajamento: nós conseguimos visualizar exatamente o que está acontecendo, o que torna nossa chance de fixarmos a mensagem muito maior se apenas deixarmos o conteúdo no mundo das ideias.

A palestra "O menino que só tinha uma chance" de Joni existe desde 2009. Nela, ele traz passagens de sua vida, e todos os conceitos que quer transmitir para a sua audiência são ilustrados com desenhos. Em vez de explicar, ele mostra. A seguir, temos um exemplo de como ele aplica o *show, don't tell* na prática.

Mensagem explicada: sempre que possível, evite o clichê ou tente subvertê--lo. Podemos usar o clichê a nosso favor, usando seu princípio, mas quebrando um padrão e o transformando em algo novo.
Mensagem mostrada: Joni, em sua palestra, conta a seguinte história.

> *Eu estava apaixonado e, na primeira semana de namoro, eu em São Paulo e ela no Rio, decidi fazer uma surpresa. Pedi a ajuda de um amigo e fomos de carro até ela. Chegando lá, o porteiro chamou a Daniela para receber uma encomenda. Meu amigo, que ela não conhecia, disse que tinha uma encomenda no porta-malas. Ela abre a porta e eu coloco o corpo para fora, sem sair totalmente do porta-malas, entrego flores pra ela, dou um beijinho – apenas um –, entro novamente no porta-malas e voltamos para São Paulo. Viajei cinco horas e fiquei vinte segundos por lá.*

Joni começa a história com um clichê, a tal "surpresa", mas quebra o padrão no momento que volta para o porta-malas segundos depois de ter aparecido.

Reparou o quanto a explicação é chata e a dramatização é envolvente?

A técnica da "demonstração dramática"

Demonstrar algo de maneira dramática é reproduzir o que se quer mostrar sem precisar dar muitas explicações ou contar muita história. Imagine que você quer vender um aspirador de pó mostrando sua potência. Em um vídeo, uma pessoa liga o aparelho e chega perto de uma bola de boliche. O aspirador suga a bola e a pessoa fica balançando para mostrar que não cai. Impressionante, não é? Mas tem mais, a outra pessoa com o mesmo aspirador suga uma bola de boliche que está grudada em outra – ou seja, o aspirador é tão potente que é capaz de segurar no ar dois objetos pesados. O vídeo então acaba com a marca assinando e pronto: o dia que você precisar de um aspirador, a chance de comprar o da propaganda que demonstra dramaticamente a potência da marca que assina o vídeo é enorme.

Esse é um exemplo perfeito de como essa técnica de *show, don't tell* funciona. Em vez de se perder em longas explicações ou detalhes técnicos sobre a potência do aspirador, a demonstração visual direta e impactante do aparelho sugando as bolas de boliche transmite de modo claro sua eficácia ao público. A natureza surpreendente e memorável da demonstração cria uma impressão duradoura na mente do espectador, aumentando as chances de ele escolher esse produto no futuro. É uma forma poderosa de comunicar valor e características de um produto ou ideia de maneira concisa e impactante.

Imagine sua palestra com demonstrações em vez de explicações!

É isso que Al Gore faz na já mencionada "Uma verdade inconveniente": por meio de uma série de gráficos e imagens, ele ilustra os impactos das mudanças climáticas. Em um dos momentos mais memoráveis e dramáticos da apresentação, ele destaca o aumento previsto dos níveis de dióxido de carbono na atmosfera. Para demonstrar a magnitude desse dado, em vez de apenas mostrar um gráfico, ele sobe em uma grua mecânica para alcançar o topo do gráfico projetado na tela, ilustrando o quão alarmante é a projeção para o futuro.

Esse é um excelente exemplo de como a demonstração dramática pode ser eficaz. Em vez de confiar apenas em números e gráficos, Gore usou a grua para visualizar e dramatizar o problema de uma forma que o público pudesse compreender imediatamente a gravidade da situação. Foi uma maneira poderosa de transmitir a urgência e a magnitude da crise climática.

Nem precisamos explicar por que essa palestra virou um documentário que ganhou Oscar!

Use subtexto e deixe a audiência deduzir as mensagens mais importantes

Nada é o que parece.

Uma criança fala o que pensa. Não existe nada que a impeça de falar aquilo que sente, frases como: "Eu não gosto de você"; "Quero fazer cocô" (na frente de todos na mesa, em voz alta); "Não vou abraçar a Tia Olinda, porque não vou com a cara dela". Mas então crescemos e aprendemos a guardar para a gente aquilo que não será socialmente aceito, começamos a nos filtrar e deixar os nossos verdadeiros sentimentos subentendidos. Passamos a falar com meias-palavras, de um jeito subliminar e com mensagens nas entrelinhas.

Assim, o que falamos é o **texto** e o que não falamos é o **subtexto**.

Um exemplo prático: sabe aquelas pessoas que são misteriosas ou difíceis de "ler"? Provavelmente elas utilizam muito subtexto, mesmo que de modo inconsciente.

Robert McKee define muito bem a diferença entre um e outro:

Texto significa a superfície sensorial de uma obra de arte. No cinema, são as imagens na tela e a trilha sonora de diálogos, músicas e efeitos sonoros.

O que vemos. O que ouvimos. O que as pessoas dizem. O que as pessoas fazem. Subtexto é a vida sob essa superfície – pensamentos e sentimentos conhecidos e desconhecidos, escondidos pelo comportamento.[35]

O uso do subtexto pode deixar os diálogos mais interessantes e uma pessoa mais ou menos interessante, já que ele está relacionado com ironia, coerção e também sedução. Por meio dele, você não deixa "estampado" na cara da pessoa tudo aquilo que quer dizer, mas ajuda a estimular o intelecto da sua audiência, dando oportunidade para quem assiste questionar e refletir sobre o conteúdo exposto.

Quando você não usa subtexto, não há muito espaço para aprofundamentos. A relação fica rasa.

No mundo empresarial, por exemplo, o subtexto aparece quando o chefe diz: "Este projeto é vital para a organização e todos vocês serão responsáveis pelo sucesso dele". No fundo ele quer dizer: "Se der errado, todo mundo dança".

Quantas vezes você já não disse "Você quem sabe!" para alguém que estava prestes a fazer algo com o qual você não concordava e recebeu a resposta "Está me ameaçando?"?

Este é outro exemplo em que o que foi falado tinha um subtexto e a resposta foi endereçada não ao que foi dito, mas ao que estava implícito.

De um jeito bem simples:

- Texto são as palavras que conseguimos entender. Subtexto é todo o resto, o que não dizemos, mas que ecoa com muito mais força do que aquilo que falamos;
- Às vezes dizemos exatamente o que queremos dizer, mas, na maioria das vezes, o que dizemos tem outros significados implícitos.

---

[35] McKEE, R. **Diálogo**: a arte da ação verbal na página, no palco e na tela. Curitiba: Arte & Letra, 2018.

O telling do storytelling

Ou seja, o texto é a ponta do iceberg e o subtexto é todo o resto.

Subtexto é usado nas relações interpessoais e nas manifestações de comunicação, sejam elas de entretenimento, sejam no mundo corporativo.

A simpatia, por exemplo, pode vir do texto, se manifestando em termos, palavras, gestos, símbolos e até na maneira como você se veste, mas também pode vir de um subtexto bem elaborado, sutil e que leva em consideração o outro, sem "segundas intenções" – termo típico que é usado para definir alguém que usa o subtexto de forma destrutiva e egoísta.

Grandes roteiros, então, sabem como usar o subtexto e dizem muita coisa de modo implícito. É por isso que eles engajam o público e prendem a sua atenção – é mais interessante quando não somos literais o tempo todo. Sem o subtexto, qualquer história pode ficar superficial. Sem subtexto a vida fica chata. Quando aquele bonitão convida a bonitona para "subir e tomar um café", é claro que não é sobre o café que ele está falando.

Zero subtexto. Zero impacto.

Alguns exemplos de como você pode utilizar o subtexto a seu favor:

- **Em vez de dizer:** "Respeitamos os funcionários".
  Conte uma história em que: você deixa de atender um cliente. Sabendo que sua equipe já estava esgotada, não queria que ela virasse a noite.
  O resultado: a audiência concluirá que sua empresa, de fato, respeita os seus funcionários.
- **Em vez de dizer:** "Invista neste projeto, pois tem muita gente interessada, já que ele é diferenciado".
  Diga que: "essa oportunidade não estará disponível por muito tempo".
  O resultado: o seu público entenderá que tem muita gente interessada no projeto oferecido e que, se ele não fechar negócio, o concorrente o fará!

A cena de *Sociedade dos poetas mortos*,[36] em que os alunos levantam e sobem na cadeira antes de o professor – demitido – sair da sala é uma que arrepia muita gente. Nela, a mensagem mais importante do filme está no subtexto: "Não importa o que a instituição fizer, você nos trouxe algo que ninguém vai tirar – nossa capacidade de vivermos nossas vidas com julgamento próprio, criatividade e sendo felizes, já que ela é muito curta. *Carpe diem*".

O poder das imagens e o subtexto
Por trás de cada imagem existe uma conotação que sua audiência dará:

- Mercedes Benz: rico;
- Ferrari: milionário;
- Harley-Davidson: perigoso;
- Fusca: artista.

Use o poder do sistema de imagens para despertar na audiência mensagens que demorariam muito mais tempo para serem transmitidas por meio de palavras. Muitas vezes, você pode criar um significado para um objetivo.

Um anel, por exemplo, pode simplesmente ser um sinal de amor e aliança, mas no filme *O Senhor dos Anéis*,[37] por exemplo, significa poder, magia e continuidade de toda uma civilização!

MENOS EXPLICAÇÃO, MAIS DRAMATIZAÇÃO, MAIS SUBTEXTO!

---

[36] SOCIEDADE dos poetas mortos. Direção: Peter Weir. Estados Unidos: Touchstone Pictures, 1989. Video (128 min).

[37] O SENHOR dos Anéis: a Sociedade do Anel. Direção: Peter Jackson. Estados Unidos: WingNut Films, 2001. Vídeo (178 min).

06.

A JORNADA
DA AUDIÊNCIA

Para que uma palestra seja de fato efetiva, ela precisa necessariamente conduzir sua audiência por uma jornada composta das seguintes etapas:

1. Atenção;
2. Interesse;
3. Adesão;
4. Retenção;
5. Transformação.

Como explicamos, a função de uma palestra é causar uma transformação na audiência. No entanto, nós não conseguimos mirar nesse objetivo – existe um caminho que precisa ser trilhado para chegar até essa meta. Sem esse trajeto, **não existe transformação**.

ATENÇÃO

Sem a atenção, tudo que for dito será em vão. As pessoas simplesmente não vão ouvir o que você está falando se você não despertar o interesse delas. No mundo de hoje, a atenção é um dos ativos mais valiosos e, com tantos estímulos ao nosso redor, só prestamos a atenção naquilo que nos interessa.

O palestrante não pode dizer que a palestra não foi boa porque a plateia não estava "nem aí"! A primeira função do palestrante fora de série é fazer a plateia querer assistir à sua fala até o final.

> **QUANDO AS PESSOAS PEGAM O CELULAR OU INICIAM UMA CONVERSA LATERAL, A CULPA É EXCLUSIVAMENTE DO PALESTRANTE, MAS MUITOS AINDA RESPONSABILIZAM O DESINTERESSE DA AUDIÊNCIA QUANDO A PALESTRA NÃO CUMPRE SEU OBJETIVO.**

É o mesmo que assistir a uma série. Quantas vezes você começou um seriado e não assistiu até o final? Parou por quê? É provável que seja porque a história não despertou interesse o suficiente para que você ficasse grudado na tela, querendo mais e mais – algo que acontece quando estamos tão engajados que nos sentimos praticamente dentro do seriado, sendo impossível não maratonar a série.

A verdade é que a atenção precisa ser renovada de tempos em tempos. Isso significa que existe uma tendência de a atenção das pessoas diminuir mesmo quando um estímulo é relevante ou significativo. Por isso, você precisa trabalhar algum elemento novo para alimentar o engajamento da sua audiência; caso contrário, quem está assistindo ao que você apresenta começa a pensar nos boletos ou no que vai fazer quando acabar aquela tortura!

INTERESSE

As pessoas dão mais atenção para aquilo que envolve interesse pessoal. Se algo não impacta a sua vida, não existe motivo para que você engaje no assunto e não há interesse para sair da sua zona de conforto.

Conseguir a atenção da audiência não basta. Você precisa transformar essa atenção em interesse. E, para atingir a todos os interesses pessoais, é preciso que os valores por trás da mensagem sejam universais, algo de que todos sentem necessidade.

Você deve aproveitar que as pessoas estão prestando atenção e trazer alguma coisa que as faça ter interesse na sua tese. Por que elas deveriam prestar atenção? O que elas ganham com isso? O que elas vão perder se não ficarem atentas até o final?

ADESÃO

Toda palestra é sobre uma tese, uma mensagem em que você acredita e a qual quer compartilhar com as pessoas. Além disso, toda palestra tem como objetivo fazer o seu público enxergar o mundo de modo diferente, ou seja, mudar algo na cabeça das pessoas. Partimos do princípio de que o palestrante vai compartilhar uma informação que a audiência não sabe, e o desafio é fazê-la comprar a ideia e aceitar o que foi dito; afinal, não existe transformação se não houver adesão.

Para as pessoas mudarem a forma de ver o mundo sobre o assunto exposto, é preciso gerar uma história que traga identificação, que seja um espelho, e que a audiência reflita sobre o que está fazendo, avaliando o novo caminho que aparece à frente. Estamos falando, então, de um exercício de convencimento.

RETENÇÃO

A mudança da forma de ver o mundo (convencimento sobre a tese) acontece no momento da palestra, e a mudança de atitude (que é o veículo para a transformação) normalmente só acontece, ou se consolida, nos dias seguintes à apresentação. Por isso, não existe transformação real sem que as pessoas se lembrem da sua mensagem, da sua tese e dos seus argumentos. E, como já vimos nestas páginas, a melhor maneira de isso acontecer é por meio de uma trama com mensagens interconectadas, que levam o protagonista de um ponto A até um ponto B, passando por dificuldades e aprendendo com a trajetória.

SOMENTE DEPOIS DESSES QUATRO PASSOS CHEGAMOS À ÚLTIMA ETAPA DA JORNADA DA AUDIÊNCIA.

TRANSFORMAÇÃO

Sabemos que é um caminho longo e difícil de ser percorrido, mas, quando ele acontece, a sensação de realização é enorme. Quanto mais tempo a sua história fica viva na mente e no coração da audiência, maior será o sucesso da sua carreira como palestrante fora de série.

Cada passo dessa jornada leva ao sucesso:

- Sem a atenção, não existe palestra e interesse;
- Sem o interesse do público, a argumentação do palestrante é inútil e a adesão não vai acontecer;
- Sem adesão da audiência à sua tese, as pessoas ignoram sua mensagem;
- Sem retenção, as pessoas esquecem sua tese antes mesmo de colocá-la em prática;
- Sem a prática, não existe transformação.

Para que essa jornada aconteça sem grandes problemas, aqui vão alguns pré-requisitos.

Defina sua tese

Por tese, consideramos aquilo que você aprendeu e que as pessoas ainda não sabem. É importante destacar que a tese de uma palestra inesquecível precisa estar definida em apenas uma mensagem principal – uma apresentação com várias mensagens sem conexão tende a se tornar genérica, e a chance de retenção, e, por consequência, transformação, é muito menor.

Objeções

Faça uma análise da sua audiência e liste os principais motivos pelos quais ela ainda não acredita na sua tese. Quais são as objeções que ela tem em relação à sua ideia? Mesmo que seja algo novo, e que a audiência ainda não saiba, será que ela terá alguma resistência ao que será exposto? Quais seriam as possíveis resistências ao seu conteúdo?

Argumentos

Sabendo quais são as objeções da audiência, defina quais argumentos você vai trazer para mudar a opinião da audiência. Esses argumentos podem ser números, dados estatísticos, casos reais, evidências; enfim, tudo que tende a levar a audiência a acreditar em um novo ponto de vista.

História

Aqui você vai definir "como" vai apresentar tudo que foi listado nos três primeiros pré-requisitos. E, como já vimos anteriormente, a forma mais eficiente de manter a atenção e o interesse da audiência é montar a palestra em forma de história.

Defina sua tese, as objeções e a sustentação, além do modo como isso será abordado. O meio menos eficiente é jogar isso de forma expositiva. Se a história é construída sem levar em consideração os outros pré-requisitos de uma palestra inesquecível, existem grandes chances de você estar criando apenas uma história interessante, mas que apenas se enquadra na categoria de entretenimento sem teor educacional e transformador.

07.

GANHAR E MANTER A ATENÇÃO DO PÚBLICO

A IMPORTÂNCIA DE UM BOM COMEÇO

Quando você liga a TV e começa a procurar algum programa, qual é o seu nível de paciência até que decida continuar ou mudar? Provavelmente baixo. Muitas vezes você desiste só pelo trailer do filme. Por isso que a primeira impressão e o começo são fundamentais para determinar o nível de interesse da sua audiência.

Os primeiros instantes de sua fala vão "comprar" ou "perder" a atenção da audiência – é como se fosse um videogame, que nos dá mais ou menos tempo para cumprimos alguma missão, dependendo do nosso desempenho. Essa metáfora serve também para as palestras: a atenção das pessoas é algo cada dia mais valioso. São muitos estímulos o tempo todo. Estar presente de corpo não significa que o foco esteja naquele momento. Nosso diálogo interno não nos dá trégua.

Muitos palestrantes começam sua fala pedindo que sejam desligados os celulares, mas acreditamos que fazer isso demonstra fraqueza; afinal, se a história for boa e bem contada, ninguém vai querer mexer nos seus dispositivos.

Quando falamos sobre a importância de começar bem, não estamos nos referindo a quebrar gelo – já que isso pode muitas vezes estar dissociado do conteúdo que vem em seguida e pode remeter a conversas de elevador ou àqueles papos vazios no começo de reuniões –, e sim de pensar no Método 4 × 4.

Seguindo a metodologia de atos, uma palestra inesquecível deve sempre começar com a ambientação – que, como vimos anteriormente, é o momento de apresentar o assunto e o protagonista para, depois, trazer o conflito principal da história.

Use sua criatividade para que esse começo seja algo que a audiência não espera. Evite falas como "Antes de começar, queria contar um pouco da minha história. Vim de uma família humilde e blá-blá-blá". Não estamos dizendo que está errado, só não traz o resultado desejado, pois é mais do mesmo, um clichê. E, quando a audiência percebe que já conhece essa história, acaba desligando o botão de atenção.

Quando você assiste a um bom filme, ele prende você logo no início. A audiência fica se perguntando: *Onde isso vai dar?*. A estrutura de um começo de palestra pode ser comparada com a estrutura de uma piada com sua preparação e o *punchline*. Por exemplo:

- **Preparação:** por que o livro de Matemática estava triste?
- *Punchline*: porque ele tinha muitos problemas.

A configuração estabelece a premissa de um livro de Matemática com emoções. O *punchline* brinca com a palavra "problemas", que pode significar tanto questões matemáticas quanto dificuldades emocionais, criando, assim, um jogo de palavras.

Não estamos sugerindo que você comece com uma piada; aliás, na dúvida, não faça isso. Pode dar muito certo, mas a chance de fracassar é grande, afinal você não é comediante e a intenção da palestra também não é fazer graça. No entanto, usar humor como aliado é sempre uma boa estratégia.

São estratégias que funcionam bem para um bom começo:

- Tirar sarro de si mesmo;
- Fazer uma pergunta e esperar a resposta da audiência;
- Utilizar elementos audiovisuais de alto impacto;
- Dizer aquilo que você não quer dizer. Exemplo: "Eu poderia começar dizendo que sou autor best-seller, sou a maior referência em X e fui o pioneiro no mercado Y. Mas tudo isso poderia parecer muita

arrogância da minha parte e estou aqui para falar de vocês, e não de mim". Você disse sem dizer! O que poderia ser chato e arrogante ficou interessante, pois você subverteu o lugar-comum. Mas cuidado: ao fazer isso uma vez, talvez essa estratégia não funcione tão bem se repetida. O fator surpresa tem que existir logo no início;

- Quebrar expectativas. Traga algo que a audiência não espera, mas que seja relevante para o contexto.

O objetivo é criar um gancho inicial irresistível que deixe a audiência ansiosa e curiosa pelo que virá. Em um mundo repleto de distrações, a habilidade de se destacar nos primeiros momentos e atiçar a curiosidade do seu público é mais valiosa do que nunca.

O COMEÇO PRECISA ESTAR RELACIONADO COM O FINAL

Uma boa história segue um arco. Nele, deve haver uma ligação entre o início e o final. É como se ficassem várias perguntas abertas no início, que são respondidas durante a trama, e a principal delas só será resolvida no clímax.

E quando falamos de ser resolvida não significa, necessariamente, um final feliz. Aliás, toda história tem um "era uma vez", mas nenhuma tem "foram felizes para sempre". Isso porque a felicidade é momentânea. E, mesmo quando o final é feliz, esse pode durar pouco, já que a vida continua e os perrengues surgirão sempre pelo nosso caminho.

Quando sua palestra não está em forma de história, a audiência nunca vai sentir aquele suspense crescente que só vai ser abordado no final da sua fala. Por exemplo, se alguém resolve dar uma palestra trazendo as dez dicas para o sucesso, quando a apresentação estiver na quinta dica, dificilmente nos lembramos da primeira – a não ser que as dez dicas estejam conectadas em uma relação de causa e efeito, fazendo a narrativa estar em forma de trama.

Trama, em sua definição, é uma progressão dinâmica de eventos direcionados pelo conflito que levam a uma mudança significativa na vida do protagonista. Se ela é sobre a transformação desse personagem, o começo e o final devem estar inter-relacionados, já que o pressuposto é que a necessidade do início foi, de alguma forma, satisfeita no final – e o que mais importa não é como o protagonista ficou, mas o que ele fez nesse trajeto para conseguir se transformar.

NÃO ATUE, NÃO FINJA; SEJA VOCÊ MESMO

Nós admiramos muitos atores e atrizes de Hollywood. E por que será? Eles atuam bem. Essa é a primeira ideia que vem à cabeça, mas, estudando mais sobre como nos identificamos com os personagens, fica evidente que gostamos de quem parece que é o personagem e não precisa "atuar".

Dustin Hoffman, em sua série para a plataforma *MasterClass*,[38] diz que não quer que a sua personagem "finja" ser uma prostituta, mas que encontre essa prostituta dentro dela e a coloque para fora. Com isso ele quer dizer que nós somos **tudo**: legais e chatos; atenciosos e grossos; carinhosos e brutos. Sempre vamos encontrar dentro da gente aquilo de que precisamos para darmos vida a um personagem.

Com sua palestra, você é um personagem que só conseguirá o apoio da audiência se, em vez de atuar, realmente for, na essência, com toda sua força, o personagem de sua história.

O livro *No Acting Please*, Eric Morris e Joan Hotchkis defendem uma abordagem mais autêntica à arte da atuação. A obra foca menos técnicas externas de representação e mais processos internos, incentivando os atores a descobrirem as próprias respostas emocionais e trazê-las para seus personagens.

No livro, os autores defendem as seguintes:

- **A verdadeira atuação:** a ideia central do livro é que a melhor atuação acontece quando não há "atuação" de fato. Em vez de simular emoções ou intenções, o ator deve senti-las genuinamente.

---

[38] MASTERCLASS: Dustin Hoffman Teaches Acting. Estados Unidos: MasterClass, 24 episódios (8-15 minutos de duração cada), 2015.

- **O eu interior:** os autores enfatizam a importância de explorar e compreender o seu eu interior. Ao entender as próprias emoções, medos, desejos e traumas, um ator pode emprestar essa autenticidade ao seu trabalho.
- **Bloqueios e resistências:** o livro discute as várias formas de resistência e bloqueio que os atores enfrentam, sejam eles mentais, emocionais ou físicos. Ao reconhecê-los e abordá-los, os atores podem atuar com mais liberdade.
- **Técnica e espontaneidade:** enquanto a espontaneidade é fundamental, a técnica também tem seu lugar. Os autores argumentam que uma sólida formação técnica permite ao ator ser mais espontâneo dentro de um quadro estruturado.

Isso pode ser aplicado ao universo de palestras. Afinal, se você subiu no palco, você é um artista!

FERRAMENTAS PARA PRENDER A ATENÇÃO

Antes de tudo, gere identificação com a audiência

O processo de identificação se dá quando alguém atribui valor ao outro e sente o mesmo. É um estágio difícil de acontecer, mas quando alcançado, tudo fica mais fácil.

O importante aqui é você encontrar razões para que o processo de identificação aconteça e trazê-las logo para o início. Claro, sem nunca perder essa conexão durante toda a trama.

Nós nos identificamos com o vilão porque ele é mau? Não! Nós entendemos suas qualidades, virtudes e necessidades, e então passamos a torcer por ele.

 O Coringa: se nós tivéssemos passado por todos os traumas que ele vivenciou, talvez fôssemos um pouco "Coringa" também.

O Poderoso Chefão: ele mata gente, mas e daí? Ele é leal à família, algo que desejamos e muitas vezes não conseguimos.

 Darth Vader: um dos vilões mais adorados do cinema. Nós entendemos as razões que fizeram com que Anakin virasse Darth Vader, por isso alimentamos esperanças de que o lado da luz que vive nele, em algum momento, prevaleça sobre as trevas.

A identificação em uma apresentação refere-se ao processo pelo qual os membros da audiência se conectam emocional ou intelectualmente com o apresentador ou com o conteúdo da palestra. Essa conexão pode ocorrer por várias razões e é essencial para uma apresentação bem-sucedida – seja ele informar, persuadir ou entreter.

Aqui estão algumas maneiras pelas quais a identificação pode ocorrer e as razões pelas quais a audiência se conecta:

- **Semelhanças e experiências compartilhadas:** quando o apresentador compartilha experiências ou características semelhantes às do público, é mais fácil para a audiência se identificar com ele. Por exemplo, um apresentador que menciona ter enfrentado desafios semelhantes aos de sua audiência cria um ponto em comum.
- **Emoção:** o uso de histórias emocionantes ou relatos pessoais pode ajudar a criar uma conexão emocional com a audiência. A emoção é uma linguagem universal que todos nós compreendemos, e sentir emoção pode nos aproximar do apresentador e do conteúdo.
- **Clareza e simplicidade:** se o público pode entender facilmente o que está sendo apresentado, é mais propenso a se conectar com o conteúdo. Jargões ou conceitos complexos podem criar uma barreira para a identificação da audiência.
- **Apresentação visual:** slides bem projetados, imagens impactantes e outras ferramentas visuais podem ajudar a audiência a se conectar com o conteúdo. A informação visual é processada rapidamente pelo

cérebro e pode complementar e reforçar a mensagem verbal que o palestrante deseja passar.

- **Empatia e autenticidade:** um apresentador empático que mostra genuíno interesse por sua audiência e que se apresenta de maneira autêntica, ou seja, sem tentar ser algo que não é, tem maior probabilidade de criar uma conexão com o público.
- **Interatividade:** envolver a audiência através de perguntas, discussões ou atividades pode ajudar a criar uma sensação de pertencimento e identificação.
- **Valor prático:** se a audiência sente que a informação é útil e aplicável à sua vida ou ao seu trabalho, é mais propensa a se conectar e a prestar atenção.

A razão pela qual a identificação é tão crucial em apresentações é que ela facilita a recepção e retenção da mensagem por parte do público. Quando nos identificamos com um apresentador ou conteúdo, tornamo-nos mais receptivos à mensagem, mais engajados no tópico e mais propensos a lembrar e agir com base no que foi apresentado. Em essência, a identificação cria uma ponte entre o apresentador e a audiência, tornando a comunicação mais eficaz.

Quebra de expectativas

Se pensarmos a nossa vida em câmera lenta, vamos concluir que tudo que desejamos e esperamos não acontece exatamente do jeito que queremos. O mundo pode até reagir melhor do que o esperado, mas quase nunca igual – isso, claro, tirando as banalidades da vida, como sair andando até a porta e abri-la, já que esse acontecimento não abre espaço para subversão do que é esperado.

A alma de uma boa história está na sua quebra de expectativas, pois assim nos preocupamos com o personagem que está vivenciando aquela quebra. A única certeza que temos é de que o mundo não vai ser bonzinho com a gente.

Apesar de muitos autores negarem as dificuldades, elas existem e, como já dissemos algumas vezes, são o combustível de qualquer história. Afinal, nós só avançamos por causa da lei do conflito: se nada nos obriga a fazer um esforço a mais, por que então vamos fazer? E é nesse momento que corremos o risco de nossa história ficar fraca, pois a facilidade da vida do protagonista tira um pouco do valor que ele poderia ter, caso tivesse que enfrentar problemas quase impossíveis de resolver.

A quebra de expectativas, segundo Robert McKee, em seu livro *Story*, é um conceito amplamente utilizado na narrativa e no roteiro para descrever momentos em que o que acontece na história é inesperado ou contradiz o que o público estava antecipando. O objetivo de utilizar essa técnica é, em geral, surpreender o público, criar suspense, gerar interesse e manter a atenção.

McKee defende que boas histórias envolvem uma constante interação entre o que o público espera e o que realmente acontece. Quando um roteirista estabelece certa expectativa e depois a subverte, ele está, de fato, envolvendo e desafiando o público.

Por exemplo, se uma cena é estabelecida de modo a fazer o público esperar um beijo romântico entre dois personagens, mas, em vez disso, um deles revela um segredo chocante, as expectativas são quebradas e a atenção do público é recapturada.

Então, temos dois usos desse conceito:

1. As quebras de expectativas naturais de qualquer trama, que faz com que ela tenha seus altos e baixos;
2. As quebras de expectativas sobre o que vai acontecer "em seguida", quando a audiência espera algo e tem uma surpresa.

Essa técnica é uma maneira de manter o público envolvido e investido na história. No entanto, McKee também enfatiza que quebrar expectativas só por quebrar, sem servir à história ou ao desenvolvimento do personagem, pode ser contraproducente. Essa técnica deve ser usada com propósito e consideração pela narrativa geral. Ela tem que representar a verdade.

O poder do humor para manter as pessoas conectadas

Para entender como o humor pode ser um grande aliado na hora de prender a atenção do público, é preciso primeiro, compreender a diferença entre ele e a piada.

O humor é uma ferramenta poderosa na comunicação, capaz de quebrar barreiras e estabelecer uma conexão instantânea com a audiência. Já a piada é apenas uma das formas de humor.

Ou seja, o humor é um conceito mais amplo e pode se manifestar de várias formas – uma observação engraçada, uma história bem-humorada ou até mesmo um silêncio oportunista. Já a piada é uma construção específica, destinada a provocar riso imediato. Ela é como uma receita com ingredientes e um método: um *setup* que cria expectativa e um *punchline* que subverte essa expectativa – esse contraste entre o esperado e o inesperado é o que gera o riso.

Em vídeos e palestras, o humor pode ser uma ferramenta valiosa para manter o público engajado. Além das palavras, você tem recursos visuais e sonoros para potencializar o efeito do humor. Uma dica importante é alinhar o humor com o tema que está sendo exposto. Não force piadas, mas encontre momentos naturais para inserir humor na sua fala. Elementos como timing, tom de voz e expressões faciais são cruciais. Além disso, conteúdos humorísticos visuais ou efeitos sonoros podem ser incorporados para complementar o humor verbal. Cuidado, também, para não mostrar algo ao público só porque você gosta. Lembre-se, você está no palco para servir à audiência: seu ego tem que ficar quietinho, respeitando o que deve ser feito, e não o que você quer que seja feito.

Apesar de muitos acreditarem não ser naturalmente engraçados, o humor é uma habilidade que pode ser desenvolvida. Comece observando o que faz você rir. Note as estruturas, os timings e as situações. Pratique contar histórias engraçadas para amigos ou familiares e preste atenção às suas reações. Lembre-se, o humor é subjetivo; nem toda piada funcionará com todo público. Portanto, é importante conhecer sua audiência. Além disso, o humor autodepreciativo, quando usado com moderação, pode ser uma ferramenta poderosa para tornar o palestrante mais empático e simpático.

O livro *The Comic Toolbox*,[39] de John Vorhaus, é um guia prático para desenvolver o senso de humor e a habilidade de fazer as pessoas rirem. Ele é baseado na ideia de que ser engraçado não é um dom inato, mas algo que pode ser aprendido e aprimorado. Nele, Vorhaus explora diversas técnicas e estratégias para criar piadas e histórias engraçadas, além de enfatizar a importância da observação, da criatividade e da disposição para correr riscos.

O autor também discute como entender diferentes públicos e se conectar com eles, ajustando o humor de acordo com quem está ouvindo. Ele aborda a importância do timing e da entrega, dois elementos cruciais para a comédia, e também oferece conselhos sobre como lidar com o fracasso e como usar o humor para melhorar a comunicação em diferentes contextos, seja no trabalho, seja em relações pessoais ou em apresentações públicas:

- **Observar e exagerar:** a observação do cotidiano é fundamental. Vorhaus sugere que você observe situações e comportamentos comuns e, em seguida, os exagere ou distorça de maneira cômica. Esse exagero pode transformar o ordinário em algo hilário.

- **Jogar com palavras:** brincar com palavras é uma técnica clássica de humor. Isso inclui jogos de palavras, trocadilhos, duplos sentidos ou mal-entendidos deliberados. Esses jogos linguísticos podem criar um efeito surpreendente e engraçado.

- **Autodepreciação:** fazer humor à própria custa pode ser uma maneira eficaz de fazer os outros rirem. Isso mostra humildade e permite que as pessoas se relacionem com você. Um exemplo de autodepreciação: "Estou tão animado para estar aqui hoje. Na realidade, essa é a maior multidão que já me viu fora da minha reunião de família anual. E olha que nem lá eu sou a atração principal!".

---

[39] VORHAUS, J. **The Comic Toolbox**: How to Be Funny Even When You're Not. Los Angeles: Silman-James, 1994.

- **Conhecer seu público:** entender quem está ouvindo é crucial. Diferentes públicos podem achar diferentes coisas engraçadas. Adapte seu humor ao contexto e a quem está escutando você para maximizar o efeito.
- **Timing e entrega:** a maneira como você conta uma piada ou faz um comentário engraçado é tão importante quanto o conteúdo. Saber falar tudo que precisa no tempo correto, a pausa dramática antes do clímax de uma piada ou a entrega entusiástica podem fazer uma grande diferença.

O PODER DA LINGUAGEM VISUAL EM UMA APRESENTAÇÃO

Existem três maneiras de representarmos o mundo: visual, auditivo e sinestésico, sendo este último a somatória de todas as sensações que temos (olfato, tato, paladar e sentimentos gerais).

Contar uma história é conduzir uma experiência audiovisual para que a audiência mergulhe em um universo que você deseja que ela esteja, pois nele existem ideias que podem, potencialmente, melhorar a vida de quem está escutando você.

> QUANDO VOCÊ VAI FAZER UMA APRESENTAÇÃO, UMA PALESTRA, ELA PODE SER ACOMPANHADA DE APOIO VISUAL OU NÃO
> – NÓS RECOMENDAMOS QUE SIM!

Nesse caso, geralmente utilizamos o PowerPoint ou similares como ferramenta para expressar as mensagens. O paradigma antigo diz que um slide deve ter uma sequência de tópicos enumerados para que o apresentador não se perca, mas, como você já viu até aqui, esse molde rígido de apresentação em nada ajuda o engajamento da sua audiência. Ao contrário, faz com que ela se perca entre a sua fala (auditivo) e o texto escrito (visual), sentidos que andam em ritmos distintos – ou seja, lemos mais rápido do que processamos o que nos é falado. O resultado disso é o pior possível quando o assunto é manter a atenção do público.

O novo paradigma traz a possibilidade de você transformar visualmente as mensagens mais importantes da sua história, conduzindo, assim, o que será representado mentalmente pela sua audiência.

Por exemplo, se um dos tópicos da sua fala é parceria, você pode ilustrar esse conceito com um copo com duas escovas de dentes se cruzando; com uma linguagem mais poética; ou até mesmo partir para algo mais indireto e com subtexto, como apresentar a imagem de um regador, deixando implícita a mensagem que uma parceria só funciona quando "regamos" e "nutrimos" a relação. Só não caia na armadilha do clichê. Por exemplo, não ilustre parceria com duas mãos se cumprimentando!

O IMPORTANTE É QUE VOCÊ ENTENDA QUE PARA CADA ESTÍMULO EXISTE UMA REPRESENTAÇÃO, UMA INTERPRETAÇÃO NA NOSSA MENTE, QUE VAI DEPENDER DE NOSSA CULTURA, EDUCAÇÃO E EXPERIÊNCIAS PASSADAS.

Assim, a importância das palavras aumenta ainda mais quando a apresentação depende apenas do apresentador.

Muitas vezes você está na frente da sua audiência e não tem a oportunidade de mostrar nada. Conta apenas com sua performance. E é esse momento que você pode encarar como perigo, ou como vantagem!

Para nós, essa situação é uma oportunidade de ouro para conduzir a experiência subjetiva da sua audiência. Isso quer dizer que, se ela está lá para ouvir você, é porque lhe deu uma oportunidade de ser levada por uma viagem em que você é o condutor. Lembre-se de que nesse caso o visual continua sendo importante, mas ele é representado na mente da audiência, que imagina e interpreta de acordo com o que você fala. Suas palavras vão gerar cenas na mente da audiência que levam a sentir ou não uma reação positiva, que é o que você quer ao final da história.

Por isso a importância de ser específico quando você fala sem imagens.

Em um caso ou no outro, o mais importante de tudo é que você se responsabilize por conduzir uma experiência subjetiva que seja memorável, mantendo assim a sua ideia viva na cabeça do seu público.

A DANÇA ENTRE PALESTRANTE E APRESENTAÇÃO EM POWERPOINT

O PowerPoint, muitas vezes referido como a ferramenta de apresentação moderna, tem raízes profundas na evolução da comunicação visual. Originário do retroprojetor de transparências e, antes disso, do carrossel de slides, essa ferramenta reflete as mudanças na forma como transmitimos informações visualmente.

No tempo do carrossel de slides, a narrativa era dominada por imagens – negativos projetados que contavam histórias e capturavam a atenção do público. Contudo, a transição para o retroprojetor trouxe uma mudança significativa: a conveniência e a facilidade de criar transparências escritas levaram ao surgimento dos *bullet-points* ou da apresentação em tópicos. Esse foi o ponto de inflexão que levou muitos palestrantes e oradores a se tornarem dependentes de textos em suas apresentações, às vezes esquecendo-se do poder das imagens.

No entanto, uma apresentação de verdadeiro impacto utiliza o Power-Point não como muleta, mas como uma ferramenta de apoio visual, capaz de amplificar e complementar a mensagem do orador. Em uma palestra excepcional, o PowerPoint é usado para evocar emoções, criar conexões e aprofundar o entendimento. Ele deve ser didático e visualmente envolvente, não apenas uma série de textos em sequência.

Imagine-se no palco, com sua apresentação projetada atrás de você. O verdadeiro desafio é criar uma harmonia tão perfeita entre você e sua apresentação que a audiência sinta que ambos são uma extensão do outro. Em momentos ideais, o foco da audiência flui sem esforço entre o palestrante e o slide, com cada elemento amplificando o outro.

É como um âncora do *Jornal Nacional* que, embora não veja os gráficos e imagens exibidos ao seu lado, tem total sincronia e controle sobre o que está sendo mostrado e o que está sendo dito.

Ao dominar essa dança entre discurso e apoio visual, você não apenas informa, mas também envolve, inspira e deixa uma impressão duradoura em sua audiência.

A FORMA MAIS EFICIENTE DE PRENDER A ATENÇÃO

Uma boa história bem contada

Já vimos até aqui que o poder de uma boa história bem contada faz toda a diferença na sua palestra. O storytelling bem-feito nos equipa para vivermos nossa vida e nos prepararmos para as dificuldades que certamente virão.

Robert McKee define, em seu já citado livro *Story*, que uma boa história é aquela que tem substância, estrutura e estilo, além de provocar uma forte resposta emocional no público – seja ela em formato de filme, romance, peça teatral, seja em qualquer outro meio, como uma palestra!

Vamos, então, retomar e aprofundar os principais pontos de uma boa história bem contada, segundo McKee:

- **Substância:** a história precisa ter algo significativo a dizer, um tema ou uma ideia central que ressoe com a audiência. Isso não significa que a história precisa ser profunda ou complexa, mas deve existir algo no núcleo que prenda a atenção do público.
- **Estrutura:** a estrutura refere-se à forma como a história é organizada. Isso inclui o início, meio e fim, os pontos de virada, o clímax e as resoluções. Uma estrutura bem planejada mantém o público envolvido e permite que a história se desenrole de maneira coerente e satisfatória.
- **Estilo:** o estilo refere-se à maneira única como a história é contada, incluindo a voz do autor, o tom, o ritmo e a escolha das palavras

ou das imagens. O estilo dá personalidade e ajuda a diferenciar sua história de outras.
- **Caráter:** uma boa história apresenta personagens ricos e multidimensionais que enfrentam dilemas morais ou decisões difíceis. Esses personagens devem ser verossímeis e suas ações devem ser consistentes com sua natureza.
- **Conflito:** o coração de qualquer história é o conflito. Pode ser um interno, dentro de um personagem, ou um externo, que se manifesta entre personagens ou forças opostas. O conflito cria tensão, que é o que mantém o público envolvido com a sua fala.

São exemplos de boas histórias bem contadas:

Cinema: *O Poderoso Chefão*,[40] de Francis Ford Coppola.
O filme tem um enredo complexo, personagens ricos e multidimensionais, conflitos internos e externos e uma estrutura narrativa perfeitamente orquestrada.

Literatura: *Moby Dick*,[41] de Herman Melville.
O romance conta a história obsessiva de Ahab em caçar a baleia branca, Moby Dick. A obra é rica em simbolismo, temática profunda e personagens intricados.

Televisão: *Breaking Bad*,[42] de Vince Gilligan.
A série segue a transformação de Walter White, um professor de Química do ensino médio, em um barão das drogas. A estrutura, os personagens e os conflitos são construídos ao longo das temporadas com habilidade.

---

[40] O PODEROSO Chefão. Direção: Francis Ford Coppola. Estados Unidos: Paramount Pictures, 1972. Vídeo (175 min).

[41] MELVILLE, H. **Moby Dick**. São Paulo: Antofágica, 2022.

[42] BREAKING Bad [Seriado]. Produção: Vince Gilligan. Estados Unidos: Sony Pictures Television, 2008.

Palestra: "Dentro da mente de um procrastinador",[43] de Tim Urban. Nessa apresentação, Urban aborda o tema da procrastinação de uma maneira humorística e visualmente cativante. Ele introduz o conceito de "macaco da gratificação instantânea", uma figura que representa a parte do cérebro que prefere tarefas agradáveis imediatas, como assistir a vídeos ou comer um lanche, em vez de trabalhar em tarefas importantes, mas com resultados a longo prazo. O macaco está sempre distraindo o "eu racional", que tenta fazer as coisas que são de fato importantes. Urban apresentou um diagrama simples chamado "calendário da procrastinação", que mostra como os procrastinadores gastam seu tempo nas semanas que antecedem um prazo. As primeiras semanas são dominadas pelo macaco da gratificação instantânea, levando a momentos de lazer e diversão, mas, à medida que o prazo se aproxima, a "criatura do pânico" aparece, assustando o macaco e fazendo o "eu racional" entrar em ação em um frenesi de trabalho de última hora.

Tim Urban também discutiu a ideia de que a procrastinação não é apenas um problema para tarefas com prazos claros. Há um tipo de procrastinação que se aplica a coisas sem prazo definido, como seguir uma paixão, cuidar da saúde ou manter relacionamentos. Por não haver uma "criatura do pânico" para essas tarefas, muitas vezes elas são adiadas indefinidamente. A palestra de Urban é tanto uma exploração humorística da mente do procrastinador quanto uma reflexão séria sobre como adiar as coisas pode nos impedir de viver uma vida plena e significativa. Ele encoraja o público a pensar sobre o que estão adiando e por quê, além de incentivar a todos a tomarem medidas para superar a própria tendência à procrastinação. Esse TED Talk é uma combinação de humor, introspecção e visuais cativantes que fornece uma compreensão profunda e acessível do fenômeno da procrastinação.

---

[43] DENTRO da mente de um procrastinador. Fev. 2016. Vídeo (13min54s). Publicado por TED: Ideas Worth Spreading. Disponível em: https://www.ted.com/talks/tim_urban_inside_the_mind_of_a_master_procrastinator?language=pt. Acesso em: 29 fev. 2024.

Esses são apenas alguns exemplos, mas a essência de "uma boa história bem contada" pode ser encontrada em qualquer meio, desde que os princípios fundamentais descritos por McKee sejam aplicados.

A história nos ensina; a trama nos entretém

Quando afirmamos que a "história nos ensina", isso se refere à ideia de que boas histórias têm temas profundos, mensagens ou lições que podem nos oferecer insights sobre a condição humana, a sociedade ou o mundo em geral. Uma boa história nos faz pensar, refletir e, talvez, até mesmo mudar nossa visão de mundo. Ela nos oferece algo que podemos levar conosco muito tempo depois de a termos consumido.

Já a trama nos entretém e refere-se à sequência de eventos que acontecem na história. Ela é o "o quê" da história – o que acontece, o passo a passo, a cena a cena. Uma boa trama é emocionante, mantém o público interessado e envolvido e os leva em uma jornada emocional. Ela nos deixa à beira de nossos assentos, ansiosos para ver o que acontecerá em seguida.

Enquanto a trama é fundamental para manter o interesse do público em continuar a escutar a história, são os temas, mensagens e lições subjacentes que dão profundidade e significado à narrativa no geral. Ambos os elementos são cruciais para criar um storytelling envolvente e memorável para sua palestra.

Um exemplo de palestra que segue os princípios de "a história nos ensina, a trama nos entretém" é a famosa palestra TED de sir Ken Robinson, chamada "Será que as escolas matam a criatividade?".[44]

Robinson argumenta que o sistema educacional atual, em muitos lugares, sufoca a criatividade inerente das crianças ao valorizar a conformidade e a padronização em detrimento da diversidade e da individualidade.

---

[44] SERÁ que as escolas matam a criatividade? Fev. 2006. Vídeo (19min11s). Publicado por TED: Ideas Worth Spreading. Disponível em: https://www.ted.com/talks/sir_ken_robinson_do_schools_kill_creativity?language=pt-br. Acesso em: 29 fev. 2024.

Ele sugere que, para preparar nossos filhos para um futuro incerto, as escolas precisam nutrir a criatividade, reconhecendo-a como tão importante quanto a alfabetização.

Isso faz parte da história.

Robinson é conhecido por seu senso de humor e por ser um bom *storyteller*. Durante a palestra, ele compartilha anedotas divertidas e histórias pessoais que ilustram seus pontos, como a de uma garotinha desenhando Deus e a história da dançarina Gillian Lynne. Essas histórias mantêm o público envolvido e tornam seus argumentos mais tangíveis e relacionáveis.

Ele começa com uma introdução cativante, desenvolve sua argumentação por meio de histórias e exemplos e, em seguida, conclui com uma chamada à ação e à reflexão.

Assim, a palestra de Robinson é um exemplo perfeito de como uma mensagem profunda e significativa pode ser apresentada de maneira envolvente e divertida. Ele equilibra a profundidade de sua mensagem sobre a educação e a criatividade com uma trama envolvente e humorística, garantindo que seu público não apenas seja informado, mas também esteja entretido e engajado durante toda a apresentação.

QUANDO UM ROTEIRISTA ESTABELECE CERTA EXPECTATIVA E DEPOIS A SUBVERTE, ELE ESTÁ, DE FATO, ENVOLVENDO E DESAFIANDO O PÚBLICO.

@JoniGalvao
@DennisPenna

08.

GARANTIR O INTERESSE NA SUA MENSAGEM

A IMPORTÂNCIA DO GANCHO

Abra perguntas e responda-as ao longo da palestra

Para criar uma palestra memorável, um dos segredos está no uso eficaz de "ganchos" durante a apresentação. Ganchos são elementos intrigantes, questionamentos ou histórias que capturam a atenção do público e mantêm seu interesse aceso ao longo da exposição. Eles funcionam como aqueles momentos-chave em séries de TV que, ao final de cada episódio, introduzem novos enigmas ou desafios, deixando o espectador ansioso pelo próximo capítulo. Essa técnica de narrativa é fundamental para criar uma conexão forte com a audiência e garantir que a mensagem seja não apenas ouvida, mas sentida e lembrada.

Imagine sua palestra como uma temporada de sua série favorita, na qual cada segmento ou tópico é um episódio. É raro as séries de sucesso fecharem todos os seus ganchos em um único episódio. Ao resolver um ou dois mistérios, de imediato introduzem outros, sobretudo perto do final, incentivando o espectador a continuar assistindo. Esse método mantém o público engajado, criando uma expectativa contínua sobre o que virá. Em uma palestra, essa técnica pode ser aplicada ao introduzir questões ou temas sem resolvê-los imediatamente, construindo uma narrativa que se desdobra de modo progressivo.

Por exemplo, ao iniciar sua apresentação, você pode lançar uma pergunta provocativa ou apresentar um dado surpreendente, sem fornecer a resposta ou a explicação de imediato. Conforme a palestra avança, você começa a "fechar" alguns desses ganchos, ao mesmo tempo que introduz novos, mantendo o público engajado e curioso. Essa dinâmica cria um ciclo de antecipação e satisfação que garante a atenção do público do início ao fim.

Contudo, é crucial equilibrar a quantidade de ganchos com o momento certo de introduzi-los e resolvê-los durante a sua fala. Se muitos forem deixados sem resolução por muito tempo, pode-se perder a coesão da narrativa e frustrar a audiência. Da mesma forma, resolver todos os ganchos muito rapidamente pode tornar a apresentação previsível e menos envolvente.

Em geral, o fechamento de todos os ganchos ocorre na conclusão da palestra, no clímax, em que as principais questões são resolvidas e as ideias são amarradas de maneira satisfatória. No entanto, deixar um ou dois ganchos abertos, especialmente se houver uma sequência planejada ou uma oportunidade para futuras discussões, pode ser uma estratégia eficaz para manter o interesse do público além da palestra, incentivando-os a buscar mais informações ou a refletir sobre os temas abordados.

Quando estamos assistindo a um filme, lendo um livro, vendo uma peça de teatro ou participando de todas as outras formas de contação de histórias, a estrutura é mais ou menos assim:

- Recebemos uma informação sobre um personagem em conflito ou um detalhe qualquer da trama;
- Processamos e nos questionamos se aquilo é importante para nós;
- Se é interessante, ficamos atentos, pois não sabemos o que vai acontecer;
- Essa "pista" que foi plantada, em algum momento da história, é revelada;
- Novos conflitos aparecem na trama e o processo se repete até a conclusão da história.

E assim acontece com 100% dos roteiros das mídias que citamos.

Mas e nas palestras? A mesma coisa!

Isso quer dizer que toda história é sobre **revelação** e **mudança**. E a revelação mais importante e que fecha o arco da história acontece no clímax.

Joni tem uma história interessante que ilustra esse conceito.

Imagine-se agora em um cinema, assistindo ao seguinte diálogo entre pai e filho:

💬 "Pai, fui pra sala da diretoria!"

💬 "Por quê, filho?"

💬 "Eu estava jogando bola com meus amigos no recreio, mas então a diretora chegou, pegou nossa bola e foi embora."

💬 "Mas e então, filho? Como você foi parar na sala dela?"

💬 "Ah, pai, ficamos muito bravos e ligamos pra polícia!"

Vamos à análise da cena: repare que uma pista foi plantada no início, de que o filho havia ido para sala da diretoria, mas o pai não sabia o como e o porquê. Pronto, nesse momento foi plantada a curiosidade com uma pista em aberto. A revelação só veio no final, para manter a nossa atenção no diálogo, quando o filho disse que ligou para a polícia! Depois disso, se essa fosse uma comunicação muito explicativa – o que é bastante comum –, o pai ainda perguntaria o que aconteceu depois da ligação e a resposta óbvia seria: "E aí a diretora nos mandou pra sala dela". Repare que o subtexto está agindo aqui mais uma vez.

Uma forma mais fácil e mais impactante é gerar uma pergunta no começo e só responder com o clímax. Exemplo:

❓ **Pergunta:** qual é a relação do porco com as viagens de turismo?

💬 **Resposta:** depois de toda uma apresentação sobre a febre suína, no final vem a revelação de que o porco estava impactando diretamente a indústria do turismo.

As perguntas abertas são aquelas que não podem ser respondidas com um simples "sim" ou "não". Elas costumam exigir reflexão, detalhamento e explanação. Aqui estão cinco exemplos de perguntas abertas inspiradas em palestras conhecidas e possíveis respostas:

? **Pergunta inspirada pela palestra "Eu tenho um sonho", de Martin Luther King Jr.:** qual é a importância do sonho de Martin Luther King Jr. para a sociedade contemporânea?

💬 **Resposta:** o sonho de Martin Luther King representa a aspiração de uma sociedade em que todos são julgados pelo conteúdo de seu caráter, e não pela cor de sua pele. Hoje, sua visão nos lembra da necessidade contínua de lutar contra o racismo, a discriminação e a injustiça, promovendo uma cultura de igualdade, aceitação e fraternidade.

? **Pergunta inspirada pela palestra "Conecte os pontos", de Steve Jobs:** como a capacidade de conectar os pontos pode influenciar nossas decisões e trajetórias de vida?

💬 **Resposta:** conectar os pontos é a habilidade de ver como experiências aparentemente desconexas no passado podem se unir para criar um caminho ou significado futuro. Isso pode influenciar nossas decisões ao nos dar confiança para seguir nosso instinto e paixões, mesmo quando o caminho não é claro, sabendo que, eventualmente, tudo pode fazer sentido.

? **Pergunta inspirada pela palestra "O poder da vulnerabilidade", de Brené Brown:**[45] por que a vulnerabilidade deve ser vista como uma força, e não como uma fraqueza?

💬 **Resposta:** a vulnerabilidade é uma força porque nos permite mostrar nossa verdadeira essência, construir conexões autênticas com os outros e crescer através de nossos desafios. Ao nos abrirmos e compartilharmos nossas experiências, medos e falhas, criamos espaço para empatia, compreensão e crescimento mútuo.

---

[45] O PODER da vulnerabilidade. Jun. 2010. Vídeo (20min02s). Publicado por TED: Ideas Worth Spreading. Disponível em: https://www.ted.com/talks/brene_brown_the_power_of_vulnerability?language=pt. Acesso em: 29 fev. 2024.

❓ Pergunta inspirada pela palestra "Como os grandes líderes inspiram à ação", de Simon Sinek: como entender o nosso porquê pode influenciar nosso sucesso e satisfação em nossas carreiras?

💬 Resposta: entender o nosso porquê nos dá um propósito claro, uma razão para fazer o que fazemos para além da ideia de apenas ganhar dinheiro ou alcançar status. Esse entendimento pode direcionar nossas decisões, manter-nos motivados durante desafios e nos conectar de maneira mais profunda com aqueles que compartilham de nossa visão ou missão.

❓ Pergunta inspirada pela palestra "O perigo da história única",[46] de Chimamanda Ngozi Adichie: por que é problemático ter apenas uma única narrativa ou perspectiva sobre uma pessoa ou cultura?

💬 Resposta: ter uma única narrativa sobre uma pessoa ou cultura pode levar a estereótipos, preconceitos e mal-entendidos e reduz a complexidade e riqueza das experiências humanas a uma única história, muitas vezes distorcendo a realidade. Reconhecer a diversidade de histórias e experiências promove uma compreensão mais rica e empática do mundo ao nosso redor.

> ## NOTE QUE AS RESPOSTAS APRESENTADAS SÃO SIMPLIFICADAS E PODEM SER EXPANDIDAS EM PROFUNDIDADE, DEPENDENDO DO CONTEXTO E DO PÚBLICO.

Sua palestra pode ser sobre uma pergunta relevante no começo e a resposta dela, que só vem no final. O mais importante, às vezes, nem é a resposta, pois se a história for boa, a resposta não precisa ser declarada – é isso que veremos a seguir.

---

[46] O PERIGO da história única. Jul. 2009. Vídeo (18min32s). Publicado por TED: Ideas Worth Spreading. Disponível em: https://www.ted.com/talks/chimamanda_ngozi_adichie_the_danger_of_a_single_story/transcript?language=pt. Acesso em: 29 fev. 2024.

FINAL ABERTO × FINAL FECHADO

Uma história pode acabar com um final aberto, que deixa espaço para uma continuação, ou terminar fechando todas as questões levantadas.

Um exemplo prático desses dois tipos de final está representado nos dois tipos de série: a de uma história só e a formada por várias histórias. Uma história em série necessariamente deve ter algo "em aberto" para que possamos continuar a consumir aquela narrativa. Já aquela composta de histórias menores, sempre possui um fechamento a cada fim de episódio.

Uma palestra pode fazer o mesmo que os dois tipos de série: caso você queira dar alguma continuidade ao seu conteúdo, seja com outra palestra, seja com algum material a ser enviado depois do evento, o final aberto se aplica. Em qualquer outra situação em que o conteúdo acaba ali mesmo, o final fechado funciona melhor, já que não abre espaço para dúvidas. A não ser que seja uma pergunta reflexiva, que não tem a ver com a história contada, mas com o aprendizado dela.

"E fica aqui a pergunta: qual é o legado que vocês estão deixando para o mundo?" – esse é um exemplo de questionamento que não tem relação com a trama diretamente, mas provoca a audiência a pensar.

A IMPORTÂNCIA DAS FORÇAS ANTAGÔNICAS NA MANUTENÇÃO DO INTERESSE

A alma de uma boa história está em seu lado negativo

Como já vimos, no coração de uma história ou palestra envolvente, muitas vezes reside a luta entre forças opostas. Essa dinâmica não apenas cativa a audiência, mas também aprofunda a conexão emocional com o tema apresentado. Ao explorar a importância das forças antagonistas, podemos transformar uma palestra comum em uma jornada memorável de aprendizado e inspiração.

134 Crie palestras inesquecíveis

Imagine uma palestra sobre coragem. Em vez de focar apenas as glórias alcançadas através de atos corajosos, o palestrante pode aprofundar-se no conceito do medo ou no arrependimento sentido por aqueles que deixaram a falta de coragem definir seus caminhos. Esse contraste entre coragem e medo cria um pano de fundo emocionalmente rico, incentivando a audiência a refletir sobre as próprias experiências e desafios.

Da mesma forma, em uma palestra sobre educação financeira, em vez de concentrar-se apenas nas estratégias para acumular riqueza, pode-se destacar as dificuldades trazidas pela falta de dinheiro. Esse enfoque nas consequências negativas da má gestão financeira serve de forte chamado à ação, fazendo o conselho do palestrante ressoar mais profundamente com o público.

O exemplo da palestra sobre hábitos alimentares é ainda mais revelador. Quando o tema da obesidade ou das doenças decorrentes de má alimentação é abordado, o interesse do público é naturalmente despertado. No entanto, ao elevar a força antagônica com o medo de não estar presente nos momentos mais importantes da vida dos familiares devido a problemas de saúde, o impacto é intensificado. Isso não apenas atrai a atenção do público, mas também estabelece uma conexão emocional profunda, pois a sua fala aborda medos e desejos universais.

Essa técnica, que coloca em destaque forças antagonistas, serve a um propósito duplo. Primeiro, ela torna a narrativa mais envolvente, pois reflete a realidade da luta humana contra adversidades. Segundo, amplifica a mensagem da palestra, pois, quando os espectadores veem o protagonista vencer obstáculos significativos, a vitória parece mais doce e inspiradora.

A magnitude do impacto de uma palestra é diretamente proporcional à força da resistência enfrentada. Ao construir narrativas que reconhecem e exploram essas forças antagonistas de modo profundo, os palestrantes podem criar uma ressonância emocional poderosa com o seu público. Isso não apenas mantém a audiência engajada, mas também impulsiona uma ação transformadora, já que o indivíduo é movido não apenas pela visão do sucesso, mas pela compreensão íntima do que está em jogo se falhar em agir.

Lembra do que explicamos no Método 4 × 4? **O lado positivo da vida só existe por causa do lado negativo.** Nós só lutamos para sermos algo positivo, pois queremos evitar o negativo e só nos fortalecemos e arregaçamos as mangas quando precisamos e quando forças contrárias aparecem na nossa frente.

E esse processo de **reconhecer o lado negativo da vida como impulsionador do lado positivo** serve para diversas situações, entre elas:

- **Reunião de vendas ou campanha de marketing:** não tente prometer que seu serviço será incrível sempre, que seu produto não terá problema ou que você sabe tudo sobre um determinado assunto. Tudo isso o torna perfeito demais para ser verdade e isso gera desconfiança. Lembre-se: a audiência se empatiza pelos seus semelhantes e ela sabe, por experiência, que a vida não é perfeita. Mostre a verdade e demonstre que você é capaz de contornar o lado negativo **se** e **quando** ele acontecer. Honestidade vende mais que perfeição.
- **Reunião de resultados:** não acredite que os gráficos, por si só, contam histórias. Procure o que existe por trás dos fatos e dos números. Você tem uma história para contar e deve utilizar os gráficos, os dados e os números para fortalecer os seus argumentos – não adianta apresentar números que mostram crescimento e poder se, por trás, existe uma história de vulnerabilidade e fraqueza que virá à tona em algum momento.

Nas palestras funciona da mesma forma. Ao decidir contar uma história, ela deve ser a mais próxima do que a vida é, já que sua palestra é um espelho da vida para a audiência. Se as dificuldades forem muito exageradas, não vão gerar conexão com a audiência.

As forças antagônicas precisam surgir de uma consequência de um conflito principal que acontece logo no começo da sua narrativa e, como já explicamos aqui, elas são fundamentais para você manter o ritmo das complicações progressivas na sua história.

Aqui estão os principais pontos sobre forças antagônicas:

- **Natureza do conflito:** o conflito não é simplesmente uma batalha entre bem e mal. Em vez disso, é uma colisão de forças contrárias, e essas forças podem ser internas (conflitos de identidade, desejo versus necessidade etc.) e externas (conflitos com outros personagens, a natureza, a sociedade etc.).
- **Variedade de forças antagônicas:** as forças antagônicas não são apenas vilões ou adversários. Elas podem ser qualquer coisa que se oponha ao desejo ou objetivo do protagonista. Pode ser uma tempestade (natureza), uma instituição (sociedade), um amigo ou membro da família (relações pessoais), ou até a própria consciência (conflitos internos).
- **Complexidade:** as melhores histórias são aquelas que apresentam forças antagônicas complexas. Em vez de serem unidimensionais, essas forças têm as próprias motivações, desejos e objetivos. Isso torna o conflito mais interessante e menos previsível.
- **Relação dinâmica:** a relação entre o protagonista e as forças antagônicas não é estática. Ela evolui ao longo da história. Em alguns pontos, o protagonista pode até se aliar a uma força antagônica para enfrentar outra.
- **Necessidade de conflito:** sem forças antagônicas, não há conflito, e sem conflito, não há história. O conflito é o motor da narrativa, e as forças antagônicas são essenciais para criá-lo.

Um protagonista só evolui quando passa por situações difíceis

Um protagonista só se fortalece e cresce quando enfrenta adversidades e desafios em sua trajetória. Uma narrativa sem conflitos ou obstáculos para o protagonista superar pode parecer monótona e sem profundidade – é vital que esse personagem seja submetido a circunstâncias difíceis, pois é nessas horas que sua verdadeira natureza e caráter são revelados.

Quando a história é uma palestra sobre a própria vida, é essencial selecionar momentos decisivos que mostrem uma conexão causal, ilustrando como os desafios foram superados, ou, em alguns casos, como foram aprendidas lições valiosas mesmo na derrota. O protagonista, seja ele você, seja um personagem fictício, deve passar por uma jornada de transformação, aprendendo com cada desafio enfrentado.

Ao compartilhar suas experiências, evitar a narrativa plana e factual é fundamental. A emoção é a chave para capturar a atenção da audiência. Se os ouvintes não sentirem o peso das situações, a atenção pode se dispersar, e a mensagem principal se perde.

A vida raramente oferece soluções fáceis e rápidas. Cada desafio é um degrau na escada da evolução e crescimento. Ao narrar sua história, portanto, introduza uma progressão de desafios, mostrando como, na realidade, os problemas se aprofundam antes de serem resolvidos. E, se for necessário, intensifique a dramaticidade de certos eventos para capturar a essência emocional do que foi vivido.

A vida real não é um filtro das redes sociais que oculta as falhas e glorifica apenas os triunfos. É autêntica, repleta de altos e baixos. O público se conecta com histórias de perseverança, resiliência e determinação, mesmo que o final não seja perfeitamente feliz. Afinal, mais do que o destino, é a jornada e as lições aprendidas no caminho que nos moldam e nos definem.

No filme *Náufrago*,[47] Chuck Noland, interpretado por Tom Hanks, é um executivo da FedEx obcecado pelo tempo. Sua vida é meticulosamente planejada e orientada para a eficiência. No entanto, tudo muda quando o avião em que ele está cai no Oceano Pacífico. Ele se vê sozinho em uma ilha deserta, sem sinal algum da iminência de um resgate.

A transformação de Chuck no filme é um exemplo perfeito de um protagonista que evolui ao passar por situações extremamente difíceis. Sem acesso a tecnologia, comida processada ou qualquer conveniência moder-

---

[47] NÁUFRAGO. Direção: Robert Zemeckis. Estados Unidos: ImageMovers Digital, 2000. Vídeo (144 min).

na, Chuck precisa aprender habilidades básicas de sobrevivência, como fazer fogo, pescar e construir abrigos. Cada desafio que enfrenta na ilha é uma lição, tanto prática quanto emocional.

O conflito interno de Chuck é profundo. Ele batalha contra a solidão, o desespero e a aceitação de sua situação. Um exemplo icônico disso é sua relação com a bola de vôlei Wilson, que ele personifica para ter algum tipo de companhia. Essa relação simboliza sua profunda necessidade humana de conexão e comunicação.

A jornada de Chuck na ilha não é apenas física, mas também emocional e psicológica. Ele passa de um homem moderno e dependente da tecnologia a um sobrevivente primitivo. E, ao longo do caminho, ele reflete sobre o que importa na vida.

Quando por fim é resgatado e retorna à civilização, Chuck é um homem transformado. Ele aprendeu o valor do tempo, das relações humanas e da simplicidade da vida. O filme destaca que, por mais planejada que seja nossa jornada, somos todos vulneráveis a circunstâncias imprevistas e que o crescimento verdadeiro muitas vezes vem de enfrentar e superar adversidades.

Náufrago é um ótimo exemplo de como um protagonista, quando colocado em situações difíceis, pode evoluir e crescer de maneiras que ele mesmo e o público nunca imaginariam.

CONECTANDO OS PONTOS:
O INTERESSE AJUDA A MANTER A ATENÇÃO

Relevância

Nós nos erguemos a cada manhã desejosos por momentos que transcendem o ordinário. Buscamos aquelas experiências autênticas que não apenas ocupam espaço em nosso tempo, mas também em nossa alma. Esses são os momentos que, no final, se tornam as histórias que escolhemos compartilhar.

Imagine estar ao redor de uma fogueira, o único som é o crepitar das chamas e o farfalhar das folhas ao vento. Cada pessoa ao redor tem uma história para contar. Mas nem todas prendem a atenção. Por quê? Porque, para ser envolvente, uma história deve possuir um elemento que ressoe profundamente com quem ouve.

Não basta se gabar de conquistas ou exibir um currículo. Essa é uma armadilha em que muitos palestrantes caem, um fenômeno que podemos chamar de "orgulho pessoal". Por exemplo, a trajetória de um atleta olímpico pode ser fascinante, mas o que realmente cativa é entender o sacrifício, a perseverança, as lições aprendidas nos momentos de derrota e vitória.

O verdadeiro valor reside na essência da experiência. O que foi aprendido? Como os obstáculos foram superados? Como as vitórias foram saboreadas? Como as derrotas foram assimiladas? Essas são as nuances que tornam uma história não apenas interessante, mas também inspiradora.

O jogador de vôlei André Heller foi campeão olímpico com a seleção brasileira. Mas isso não tem graça. A história que ele conta em sua palestra de ter sido cortado da seleção pelo Bernardinho antes do mundial, e a reação que ele teve e a resposta que ele deu para o treinador, isso sim, são muito inspiradoras.

Ficou curioso para saber qual foi a reação dele? Viu como ganchos geram curiosidade e deixam as pessoas interessadas? No final do livro a gente conta... Brincadeira!

O que o André Heller relata em sua palestra é que, depois do corte sofrido meses antes do mundial, ele ficou muito nervoso e sua vontade era matar o Bernardinho, mas ele sabia que isso não seria útil para sua carreira. Então, em vez disso, teve a humildade de chamar o treinador para conversar e pediu uma orientação: o que ele deveria melhorar para retornar à seleção nas próximas convocações? Essa atitude, somada à dedicação de seguir a orientação do treinador à risca, não o colocaram naquele mundial, mas o fizeram ganhar a medalha de ouro na olimpíada seguinte.

Os problemas, os obstáculos, o aprendizado, como ele se sentiu e como agiu nessas situações – é isso que tem valor em uma palestra.

Antes de subir ao palco ou compartilhar sua história, pergunte-se: *Qual é a essência do que tenho para compartilhar?*. Se a resposta não ressoar no coração, talvez seja hora de reavaliar. Não precisamos ter uma inovação revolucionária ou uma cura milagrosa para capturar a atenção. Precisamos, sim, de autenticidade e propósito.

Simon Sinek, em seu conceito do círculo dourado, destacou a importância do nosso porquê e explicou a relevância de nossas ações e palavras terem um propósito claro e profundo. E enquanto o **o quê** e o **como** dão corpo à nossa mensagem, é o **porquê** que realmente dá vida a ela.

Em uma era de informações abundantes, destacar-se torna-se um desafio. No entanto, a chave não é tentar ser o mais alto orador, mas o mais verdadeiro. Em um mundo em que qualquer conceito pode ser pesquisado com facilidade, o que nos diferencia são as experiências pessoais e as lições que delas extraímos.

Portanto, ao buscar ser relevante, lembre-se de que sua originalidade não está em recontar conceitos genéricos, mas em partilhar sua essência, sua jornada e, acima de tudo, seu coração e seu porquê. No final, são as histórias contadas com paixão e propósito que permanecem conosco, muito depois de a fogueira se apagar.

Novidade

Em um mundo em constante mudança e evolução, a capacidade de antecipar tendências e estar sempre em busca de novidades é mais crucial do que nunca. A inovação nasce da imaginação, da capacidade de visualizar um futuro que ainda não se materializou. No entanto, o simples ato de antecipá-lo e trazer novos conceitos à tona pode acender a chama da curiosidade nas pessoas, atraindo-as para esse futuro desejado.

Se observarmos as empresas líderes de mercado e as mais bem-sucedidas globalmente, perceberemos que uma característica recorrente entre elas é a incessante busca por inovação. Elas não apenas reagem às mudanças, mas muitas vezes são as catalisadoras dessas transformações. E é nesse contexto que surge o conceito do **oceano azul**.[48]

---

[48] KIM, W. C.; MAUBORGNE, R. **A estratégia do oceano azul**: como criar novos mercados e tornar a concorrência irrelevante. Rio de Janeiro: Sextante, 2019.

O oceano azul representa uma abordagem estratégica na qual as empresas buscam criar novos mercados, em que a competição é irrelevante, em vez de competir em espaços de mercado existentes, ou em oceanos vermelhos, que são saturados e altamente competitivos. Nesses oceanos azuis, as empresas têm a liberdade de inovar e definir as próprias regras, nadando sem a constante ameaça de concorrentes. No entanto, com o tempo, à medida que outros reconhecem o potencial desse novo mercado, eles também podem querer nadar nesse mesmo espaço, tornando o oceano inicialmente azul em um oceano vermelho de competição acirrada.

Um exemplo clássico de oceano azul é o Cirque du Soleil. Em vez de competir com circos tradicionais, eles reinventaram a ideia do que poderia ser um circo, misturando teatro, música e performances de alta qualidade, criando assim um novo espaço de mercado.

Outro exemplo é a Apple com o iPhone. Antes de sua introdução, o mercado de smartphones estava focado principalmente em recursos e funcionalidades para negócios. A Apple, por outro lado, introduziu um dispositivo voltado para o consumidor, com foco em design e experiência do usuário, criando um novo segmento no mercado.

E você?

Agora, pense em sua palestra. Você está navegando por um oceano vermelho, competindo com outros semelhantes? Ou está criando no próprio oceano azul, oferecendo algo inovador e único? Inovação e sucesso verdadeiros vêm da coragem de se aventurar em águas desconhecidas, moldando o futuro em vez de apenas reagir a ele. Desafie-se a encontrar seu oceano azul e a liderar a próxima onda de inovação.

Surpresa

A surpresa é um dos sentimentos mais potentes que podemos experimentar. Ela quebra a rotina, nos tira do piloto automático e faz nosso coração bater mais rápido. Na vida, como na arte, é esse elemento inesperado que muitas vezes nos mantém engajados, interessados e à espera do que virá a seguir.

Tomemos, por exemplo, a indústria cinematográfica. Os filmes que mais nos marcam são frequentemente aqueles que têm reviravoltas inesperadas. Quem poderia esquecer a descoberta em O sexto sentido,[49] quando percebemos que o personagem de Bruce Willis era, na realidade, um fantasma? Ou a revelação em Clube da Luta[50] sobre a verdadeira identidade de Tyler Durden? Esses são momentos de pura surpresa que, por serem tão inesperados, tornam a experiência cinematográfica memorável.

Da mesma forma, em uma palestra, o elemento surpresa é fundamental para manter a audiência engajada. Um palestrante que consegue inserir momentos inesperados em sua fala – seja através de um evento surpreendente, seja com uma revelação chocante ou uma demonstração ao vivo – tem a capacidade de recapturar a atenção e o interesse de sua audiência, mesmo que por um momento eles tenham se desviado.

Os filósofos também se debruçaram sobre a ideia da surpresa. Platão, em sua alegoria da caverna,[51] descreve a surpresa e o choque dos prisioneiros quando são expostos à luz do dia e veem o mundo real pela primeira vez. Esse momento de revelação súbita é uma metáfora poderosa para o despertar do conhecimento. Aristóteles, em sua Poética, argumentava que a **peripeteia**, ou reviravolta súbita, era um dos elementos fundamentais da tragédia, provocando emoções intensas no público.

Em nossa vida, as surpresas nos tiram da monotonia, seja através de um presente inesperado, seja durante um reencontro depois de anos, seja ao receber uma notícia que muda completamente o curso de nosso dia.

---

[49] O SEXTO sentido. Direção: M. Night Shyamalan. Estados Unidos: Hollywood Pictures e Spyglass Entertainment, 1999. Vídeo (107 min).

[50] CLUBE da Luta. Direção: David Fincher. Estados Unidos: Regency Enterprises, 1999. Vídeo (139 min).

[51] ALEGORIA da caverna. In: WIKIPEDIA. Disponível em: https://pt.wikipedia.org/wiki/Alegoria_da_Caverna. Acesso em: 29 fev. 2024.

Garantir o interesse na sua mensagem **143**

Em uma palestra, momentos surpreendentes podem ser o diferencial entre uma apresentação monótona e uma que deixa uma marca duradoura nos ouvintes.

Portanto, ao se preparar para falar em público ou ao criar qualquer forma de arte, é fundamental considerar o poder da surpresa de envolver, encantar e, por fim, transformar sua audiência.

Pontos de virada

Como vimos no Capítulo 2, os pontos de virada são momentos cruciais em uma narrativa que geram uma mudança significativa na direção da história. Em *Story*, McKee conceitua os pontos de virada como eventos que progressivamente elevam os riscos, tensionam as apostas e viram a trama de uma forma que mantém o público envolvido e ansioso pelo que está por vir.

Em sua essência, um ponto de virada é um momento que transforma o valor carregado pela cena de positivo para negativo, ou vice-versa. Por exemplo, um personagem principal pode estar em uma situação de vantagem (positivo), mas um evento inesperado pode rapidamente colocá-lo em perigo (negativo). Essas reviravoltas criam uma montanha-russa emocional que é essencial para a dinâmica de uma boa história.

> A RAZÃO PELA QUAL OS PONTOS DE VIRADA SÃO TÃO CRUCIAIS É QUE ELES IMITAM A IMPREVISIBILIDADE DA VIDA REAL.

Na realidade, é raro as coisas seguirem um curso linear de constante positividade ou negatividade. A vida é repleta de altos e baixos, e uma narrativa que reflita essa dinâmica será inevitavelmente mais ressonante e realista.

Aplicando esse conceito ao mundo das palestras, podemos dizer que um bom discurso não deve ser monótono ou previsível. Assim como em uma história, uma palestra deve ter os próprios "pontos de virada" para manter a audiência engajada. Isso não significa que um palestrante deve inventar eventos dramáticos, mas que devem existir momentos de tensão, revelação e transformação em sua apresentação.

Por exemplo, um palestrante pode começar com algo positivo e inspirador, virar essa polaridade ao introduzir um desafio ou obstáculo inesperado e depois trazer a solução ou lição aprendida, retornando ao positivo. Essa alternância na carga de valor mantém a audiência na ponta da cadeira, ansiosa para ouvir o que vem a seguir.

Além disso, alternar entre os valores positivos e negativos permite que o palestrante construa não apenas um discurso mais envolvente e memorável, mas também um que é mais autêntico e ressonante com as complexidades e nuances da vida real. Uma palestra que é com muita frequência positiva pode parecer ingênua ou desconectada da realidade, enquanto uma que é implacavelmente negativa pode ser deprimente e desmotivadora.

09.

CONQUISTAR A ADESÃO DA AUDIÊNCIA

Como mencionamos no Capítulo 6, a adesão da sua ideia por parte da audiência vem da relevância da mensagem que você quer passar e do nível de convencimento que você aplica em suas palestras. No entanto, por que essa etapa é tão importante na jornada da audiência? Vamos entender melhor.

NINGUÉM MUDA SE NÃO "COMPRAR A IDEIA"

Mesmo que não seja diretamente, nós todos somos vendedores no sentido amplo da palavra. Estamos vendendo o tempo todo: ideias, imagem, credibilidade, opiniões e, claro, produtos e serviços.

A palestra é um momento em que você vende a sua ideia, mas também é um de pausa para reflexão e uma oportunidade para ampliar a consciência da audiência. Lembra que a função de uma apresentação é transformar? Então, só faz sentido ter uma palestra quando você tem uma "tese" bem definida sobre algum assunto que vai melhorar a vida de quem está escutando.

Muita gente acha que palestra é contar a linha do tempo dos acontecimentos da vida, mas isso pode ser muito chato se não houver uma interpretação adequada. Os acontecimentos e fatos que acontecem com todos nós não possuem uma emoção relacionada diretamente a eles. No entanto, quando conseguimos extrair significado e entender os sentimentos envolvidos em cada momento, podemos escolher quais são aqueles que podem gerar algum tipo de inspiração para que a audiência "compre a sua ideia" e aceite o chamado para transformar a sua vida.

147

Esse nosso processo de mudança e transformação segue algumas etapas, desde o desconhecimento completo até o domínio do comportamento em questão. Em uma palestra devemos trazer a audiência para um mundo que, no começo, parece desconhecido (e é!), para então gerar aprendizados que levam para o final da história, já com uma nova mentalidade.

Para chegarmos à adesão com mais facilidade, é preciso conhecer algumas técnicas que impactam diretamente na percepção de mundo das pessoas.

A PNL nos traz ferramentas poderosas para ajudar nesse processo:

- **Modelagem de excelência:** já explicamos anteriormente, mas modelagem é o processo de replicar a excelência, comportamentos e estratégias de indivíduos que já alcançaram resultados significativos no tópico que você quer explorar em sua palestra e apresentar esse conjunto como um "modelo de sucesso". Quando entendemos em "câmera lenta" o funcionamento mental de qualquer pessoa, podemos levantar as pistas que levaram ao sucesso, ou não, daquele comportamento. Quanto mais você conseguir "provar" para a audiência a sua "tese" do ponto de vista de modelo de mundo, maior a chance de ela aderir a sua mensagem. Suponha que você esteja dando uma palestra sobre liderança eficaz. Você pode começar contando a história de um líder renomado, destacando suas qualidades, estratégias e comportamentos. Em seguida, demonstre como esses elementos podem ser adaptados e aplicados pelo seu público na própria vida profissional.

- **Ancoragem de estados emocionais:** a ancoragem refere-se à criação de uma resposta emocional automática a um estímulo específico. No contexto de uma palestra, isso significa que o palestrante pode usar técnicas para ancorar estados emocionais positivos nos ouvintes, associando esses estados à ideia que está sendo vendida. Imagine que você quer que sua audiência se sinta empoderada. No início da sua palestra, compartilhe uma história pessoal de superação que desperte emoções fortes relacionadas ao empoderamento.

Depois, sempre que quiser reativar esse sentimento, volte a mencionar um elemento-chave daquela história;

- **Rapport e sintonia:** já explicamos a importância de estabelecer rapport, uma relação de sintonia e empatia com a audiência. Um palestrante que consegue se conectar com seu público no nível emocional tem mais chances de ser persuasivo e inspirador. Para criar rapport, você pode começar sua palestra encontrando um terreno comum com a audiência. Por exemplo, se está falando para um grupo de empreendedores, compartilhe brevemente a própria experiência em empreendedorismo antes de mergulhar no conteúdo principal. Faça a audiência se sentir "com você" antes de trazer algo que seja desconhecido e que demande um esforço intelectual para que ela tenha a desejada adesão.

- **Estratégias de visualização:** utilizar técnicas de visualização para criar cenários mentais vívidos pode ajudar a audiência a se conectar emocionalmente com o conteúdo da palestra, facilitando a adesão à ideia proposta.

  Se sua palestra é sobre alcançar metas, por exemplo, conduza a audiência por um exercício de visualização em que eles se imaginam conquistando os seus objetivos. Peça para visualizarem os detalhes, como se sentem, o que veem e ouvem, tornando a experiência o mais vívida e palpável possível.

- **Submodalidades:** na PNL, as submodalidades são os detalhes específicos de como percebemos informações. Um palestrante pode usar submodalidades para alterar a forma como a audiência percebe um problema ou solução, tornando a ideia mais atraente.

  Se você está tentando mudar a percepção sobre um desafio, por exemplo, peça à audiência que pense nesse obstáculo como algo distante e pequeno, ou visualize-o em preto e branco. Isso pode ajudar a diminuir a sensação de dificuldade associada a ele.

- **Padrões de linguagem hipnótica:** elementos de linguagem hipnótica podem ser usados para aumentar o impacto da mensagem.

Essa técnica pode envolver o uso de padrões de fala que facilitam um estado de maior abertura e sugestionabilidade na audiência. Ao concluir sua palestra, use uma linguagem suave e ritmada para resumir os pontos-chave, reforçando a mensagem central. Por exemplo, você pode dizer: "Imagine como será sua vida quando você aplicar esses princípios, veja as possibilidades se abrindo, sinta a mudança acontecendo...".

NÃO EXISTE ADESÃO SEM ENTENDIMENTO

Você por acaso já ouviu esta frase: "Não entendi nada do que foi apresentado, mas compro a ideia"? Claro que não!

O entendimento faz parte de qualquer comunicação que tem a intenção de gerar alguma transformação. Um filme mais *cult* não está muito preocupado em ser "didático", mas esse não é o seu caso. O desafio está em equilibrar a emoção e o entretenimento com o entendimento. Já abordamos a importância de ter uma "tese", uma mensagem principal, uma ideia que governe todas as decisões do roteiro da sua palestra, e que essa tese deve ser expressa através de uma boa história bem contada.

Ao conduzir uma experiência subjetiva na sua audiência, é preciso:

- Despertar o interesse;
- Manter a atenção;
- Gerar entendimento;
... para, então, chegar à adesão.

Ou seja, a adesão só acontece se houver entendimento. E nós só vamos entender algo se prestarmos atenção, e só vamos prestar atenção se o nosso interesse for atiçado. Mais ou menos assim:

- **Despertar o interesse:** uma palestra deve começar com algo que capture imediatamente a atenção da audiência. Isso pode ser uma

150   Crie palestras inesquecíveis

história intrigante, uma estatística surpreendente, uma pergunta provocativa ou uma demonstração visual impactante. O objetivo é criar um gancho que faça o público querer saber mais.

- **Manter a atenção:** uma vez que o interesse é despertado, é crucial manter a atenção da audiência. Isso é conseguido através de narrativa envolvente, uso eficaz de recursos visuais e alternância entre diferentes modos de apresentação (como histórias, dados, demonstrações, interações com a audiência).

- **Gerar entendimento:** para que a mensagem seja compreendida, é importante que a apresentação seja clara e lógica. Use exemplos, analogias e explicações simples para tornar conceitos complexos acessíveis. Evite jargões e termos técnicos, a menos que sejam absolutamente necessários e possam ser explicados com clareza.

- **Chegar à adesão:** para convencer a audiência a aceitar e apoiar a ideia apresentada, é fundamental que a apresentação desperte emoções, além de oferecer lógica e razão. Contar histórias com as quais o público possa se identificar, mostrar paixão pelo tópico e apresentar uma chamada clara à ação são estratégias eficazes.

Ao integrar esses elementos – interesse, atenção, entendimento e adesão – de maneira equilibrada e eficaz, uma palestra pode não só informar, mas também inspirar e motivar a audiência a agir.

SER DIDÁTICO É MUITO MAIS QUE DAR "AULINHA"

A arte de comunicar eficazmente envolve não apenas o que é dito, mas como é dito. Nesse contexto, o uso de bons exemplos, metáforas e histórias emerge como uma ferramenta inestimável para palestrantes. Esses elementos não só facilitam a compreensão dos conceitos apresentados, mas também elevam a capacidade de inspirar e persuadir o público. A eficácia dessas técnicas é atemporal, como demonstrado pelo impacto duradouro dos ensinamentos de Jesus Cristo que, frequentemente, recorria a parábolas para compartilhar mensagens profundas e complexas de uma forma acessível e memorável.

A importância de utilizar bons exemplos e metáforas reside na sua capacidade de transformar o abstrato em concreto. Ao conectar ideias a experiências ou objetos familiares, o palestrante pode construir pontes cognitivas que facilitam a compreensão e a retenção de informações.

Por isso, reforçamos ao longo de todo o livro como o poder das histórias no contexto de uma palestra é imenso. Histórias capturam a atenção e o interesse do público de uma maneira que poucos outros métodos conseguem. Elas transportam os ouvintes para outro mundo, permitindo-lhes experimentar emoções, desafios e triunfos com os personagens. Isso é particularmente valioso porque, quando os ensinamentos são incorporados dentro de uma narrativa, a resistência natural do público a receber conselhos diretos ou críticas é minimizada. Em vez de se sentirem pessoalmente confrontados, os ouvintes veem o personagem da história como o receptor da "bronca" ou da lição, o que os deixa mais abertos e receptivos à mensagem.

Essa abordagem indireta de transmitir ensinamentos ou pontos de vista é eficaz porque cria um ambiente seguro para a reflexão pessoal. Sem sentir que estão sendo julgados ou criticados, os membros da audiência podem ver-se nos personagens das histórias, identificando-se com suas lutas e aprendizados. Isso não apenas facilita uma maior aceitação das ideias apresentadas, mas também promove uma introspecção profunda, potencializando mudanças de perspectiva ou comportamento.

IDENTIFICAÇÃO: AS PESSOAS SÓ ADEREM AO QUE ELAS SE IDENTIFICAM

Quanto mais nos identificamos com algo, maior é a chance de seguirmos o fluxo que esse algo está tentando transmitir. Em outras palavras, a gente gruda no que e em quem nos interessa e não queremos mais largar.

Assim é nos filmes, séries, palestras e na vida. Freud, um dos psicanalistas que descobriu o inconsciente, possui uma teoria interessante sobre identificação.[52]

Ele via a identificação como um mecanismo psicológico pelo qual um indivíduo assimila um aspecto, propriedade ou atributo de outra pessoa e se transforma, total ou parcialmente, com base nesse modelo. Isso envolve a internalização das características, crenças e comportamentos do outro.

Isso não significa que deixamos de ser a gente. Ao contrário, somos nós com algo mais, que foi aprendido durante o processo de identificação. Você já saiu do cinema querendo imitar o protagonista? Então!

Imagine quando isso acontece em uma palestra. É quando ela, de fato, transforma. Sabendo desse processo, você pode avaliar a sua palestra sob esse ponto de vista da audiência, se perguntando o tempo todo: *O que isso significa pra quem me escuta? Por que essa pessoa precisa saber disso? Como ela pode ser melhor com isso que estou apresentando?*.

Há diferentes formas de identificação destacadas por Freud:

- **Identificação primária:** é o primeiro tipo de identificação que ocorre em uma criança, normalmente com os pais ou cuidadores. É crucial para o desenvolvimento da personalidade.
- **Identificação com o agressor:** surge como uma forma de lidar com situações traumáticas ou de ameaça, em que a pessoa se identifica com alguém percebido como mais poderoso ou ameaçador.
- **Identificação como forma de ligação emocional:** refere-se à forma como os indivíduos se identificam com alguém quando sentem afeição ou admiração, absorvendo traços dessa pessoa.

E é nesse último processo de identificação que a sua palestra deve estar.

---

[52] ANDRADE, P. O que é identificação para Freud? **Inconsciente Real**, 2022. Disponível em: https://www.inconscientereal.com.br/o-que-e-identificacao-para-freud/. Acesso em: 29 fev. 2024.

Quando acontece de nos identificarmos com alguém, nossas emoções se conectam com a pessoa e suas ideias. Nos sentimos melhor, nos sentimos com mais recursos, inspirados e apoiados na jornada de transformação.

Mas como explicar esse processo todo? É aí que entra a razão, quando nossa mente dispara um diálogo interno que procura ser didático o suficiente para que o entendimento aconteça. Afinal, não existe adesão sem que você entenda sobre aquele assunto – e é nesse momento que a razão faz a sua parte no processo de aprendizado e transformação. É por isso que a identificação é emocional, e o entendimento, racional.

A IMPORTÂNCIA DE CRIAR E CONTAR "A VERDADE" NO PROCESSO DE CONQUISTA DA ADESÃO

Robert McKee tem um slogan que diz tudo que um roteirista precisa para começar a escrever: "*Write and tell the truth*", que, em tradução livre, significa "Escreva e diga a verdade".

A autenticidade e a fidelidade aos valores universais são essenciais na criação de histórias, sejam elas ficcionais ou não. A "verdade" em narrativas não está relacionada a fatos concretos de certo ou errado, mas a uma verdade emocional ou psicológica que ressoa com o público. A veracidade de um roteiro é medida pela sua capacidade de representar genuinamente os sentimentos e decisões dos personagens, de uma maneira que se conecte com o espectador.

A verdade não é apenas importante para escritores de roteiros ou palestrantes, mas para qualquer pessoa que esteja contando uma história, independentemente do meio.

Além de despertar o inconsciente coletivo, a verdade aparece na trama. Por exemplo, se em um filme de terror um personagem foge de um monstro dentro de uma casa, se ele vai em direção à porta de entrada que está aberta, mas entra no porão, que tem a porta fechada, isso seria uma grande mentira. Afinal, mesmo em um mundo ficcional, quem é que decide se enrolar no porão se pode sair para a rua e aumentar as chances de se salvar? Você pode

154 Crie palestras inesquecíveis

pensar que no porão tem mais drama. Pode até ser, mas se isso acontece, a audiência pode, consciente ou inconscientemente, se desconectar da sua narrativa – e é nesse momento que você perde a atenção do seu público.

Se você quer complicar a vida do personagem, escreva a verdade, ou seja, leve-o para fora da casa e, quando chegar lá, torne as coisas mais difíceis.

Esse é um exemplo do cinema que vale para qualquer situação da nossa vida.

A verdade que deve ser expressa em uma palestra não tem a ver com estar certo ou errado, julgar como verdadeiro ou mentiroso. É um processo muito mais profundo, que traz os valores universais somados aos seus insights sobre a vida e cria uma história que transmite a verdade daquele personagem. Você pode não gostar ou não concordar, mas não vai negar que aquilo que está acontecendo com aquele personagem é genuíno e verdadeiro, ou que se fosse de outro jeito estaria sendo forçado.

Você já se deparou com situações em que um comportamento acontece, uma decisão é tomada e você começa a duvidar daquele roteiro? Esse momento de dúvida é quando perdemos a conexão com a verdade dentro da narrativa.

A verdade representa os valores de uma marca. Por exemplo, um banco falar de "ser mais criança" não tem muita relação com o seu negócio. No entanto, uma escola que quer manter a criança viva dentro da gente pode muito bem usar esse tema.

Verdade é quando a Avis, uma locadora de carros, está em segundo lugar no ranking de melhores lugares para se alugar um veículo e assume a posição com o slogan: *We try harder* ("nós nos esforçamos mais", em tradução livre). Significa que eles não podem se dar ao luxo de cometer um deslize, pois estão em segundo lugar – ou seja, a empresa assumiu uma verdade e a ressignificou.[53]

---

[53] WE'RE Number Two. We Try Harder: The Little-Known Story Behind Avis' Iconic Slogan. **CarRentalBasics.com**, jan. 2023. Disponível em: https://www.carrentalbasics.com/guides/we-try-harder-slogan-avis-rent-a-car-history. Acesso em: 29 fev. 2024.

Quando você ouve a música *The Logical Song*,[54] do Supertramp, entende que eles abordam uma verdade universal, que não tem como negarmos: a letra da música fala sobre a magia da criança que perdemos quando viramos adultos. Todos perdem, uns mais, outros menos.

E lembre-se de que a sua verdade pode ser transmitida através da ficção, desde que fique claro para a audiência que você está conduzindo a experiência dela para esse mundo "criado". Foi o que aconteceu com a campanha "A fantástica fábrica de felicidade"[55] da Coca-Cola. Nela, um homem chega em uma máquina que vende refrigerante e deposita uma moeda. A câmera entra na máquina e, a partir desse momento, estamos em uma fábrica com criaturas felizes produzindo o refrigerante solicitado.

Já os sorvetes Diletto contavam que seu fundador havia sido um senhor da Itália – e isso era mentira, ele era brasileiro! Por não deixarem claro que a história que contavam era fictícia, a mentira foi tão perigosa que a marca parou no Conselho de Autorregulação Publicitária (Conar) e, tempos depois, quebrou.[56]

IDENTIFICANDO E TRABALHANDO AS OBJEÇÕES

Objeções são opiniões pré-formadas que representam crenças ou valores individuais. Quando desenvolvemos uma opinião sobre um palestrante, ela pode ser positiva ou não. Quando não é, você deve levar isso em consideração no momento de escrever o roteiro.

Em essência, as objeções são as resistências ou contrapontos que surgem na mente do público ou do ouvinte.

---

[54] THE LOGICAL Song. Intérprete: Supertramp. *In*: BREAKFAST in America. Los Angeles: The Village Recorder, 1979. Faixa 1.

[55] FÁBRICA da felicidade – o filme – Coca-Cola. 2008. Vídeo (3min03s). Publicado pelo canal rapcos. Disponível em: https://www.youtube.com/watch?v=Y1t3xpDN0y0. Acesso em: 29 fev. 2024.

[56] HISTÓRIAS contadas pelas marcas Diletto e Do Bem vão parar no Conar. **G1**, 25 nov. 2014. Disponível em: https://g1.globo.com/economia/midia-e-marketing/noticia/2014/11/historias-contadas-pelas-marcas-diletto-e-do-bem-vao-parar-no-conar.html. Acesso em: 29 fev. 2024.

Em situações como palestras ou discursos, as objeções do público podem ser um grande obstáculo. Isso porque, se o público tem uma visão preconcebida sobre o palestrante, isso pode colorir sua percepção de tudo o que é dito. Por exemplo, se um palestrante é filho de uma celebridade e é conhecido sobretudo por esse motivo, a plateia pode desconsiderar seu mérito ou conhecimento, assumindo que sua posição é um resultado unicamente do nepotismo.

Esse preconceito pode levar a audiência a não absorver de modo integral a mensagem transmitida, independentemente de sua validade ou importância.

Quando você prepara um roteiro, é crucial levar as objeções e resistências em consideração – ao fazer isso, você pode antecipar e abordar essas questões de maneira proativa, melhorando, assim, a recepção e o impacto da mensagem transmitida. Isso pode ser feito, seguindo o exemplo anterior, destacando as qualificações independentes do palestrante ou abordando a questão do nepotismo de maneira transparente e honesta.

Uma estratégia eficaz pode ser a utilização de histórias ou exemplos que demonstram a competência e a experiência do palestrante, independentemente de sua herança ou conexões familiares. Outra abordagem pode ser a inclusão de testemunhos ou recomendações de terceiros respeitados, que podem ajudar a legitimar a posição do orador e a reduzir o impacto das objeções preconcebidas.

Para entender como esse assunto é importante, até aqui só abordamos uma objeção como exemplo. Imagine quantas delas estão infernizando a cabeça das audiências?

COMO ENTREGAR MENSAGENS QUE CONTENHAM "VALORES UNIVERSAIS"

Ao preparar uma palestra para um grupo diversificado de executivos, enfrenta-se o desafio de conseguir a adesão de um público com interesses variados. A chave para uma comunicação eficaz não reside na adaptação do discurso para as necessidades individuais de cada participante – esse é um processo que pode ser explorado em momentos específicos, como em sessões de Q&A ou workshops segmentados.

O foco deveria ser a identificação e a incorporação de valores universais – ou seja, os elos emocionais e psicológicos compartilhados que transcendem as divisões departamentais. Estes incluem aspirações comuns, medos, inseguranças e esperanças que ressoam com a experiência humana coletiva. Por exemplo, no contexto corporativo, a incerteza sobre o futuro e a adaptação às mudanças do mercado são preocupações que unem todos os executivos, independentemente de sua especialização.

Com base nessa plataforma comum, o roteiro da palestra deve ser construído, escolhendo os temas de maneira que eles ressaltem esses valores compartilhados. Ao fazer isso, a mensagem tem o poder de ressoar com cada indivíduo, garantindo que ninguém seja deixado para trás.

Lembra da frase: "Se eu impactar uma única pessoa, já fiz a diferença"? Como já discutimos, embora nobre, essa abordagem subestima o potencial de alcançar cada ouvinte da sua plateia. Utilizando valores universais, é possível estabelecer uma conexão profunda com toda a audiência, mantendo a atenção de todos do início ao fim da apresentação.

Ao integrar esses valores fundamentais ao conteúdo da palestra, você não apenas captura a atenção dos ouvintes, mas também inspira ação, reflexão e mudança significativas, tornando a experiência enriquecedora e memorável para todos os envolvidos.

Esse é o mesmo princípio empregado nos filmes da Pixar. Antes de desenvolverem um roteiro, eles exploram profundamente aspectos psicológicos universais, estabelecendo uma premissa poderosa e com a qual o público se identifique.

Em *Toy Story*, por exemplo, a narrativa transcende a ideia de brinquedos falantes, focalizando a luta interna do protagonista, Woody, ao enfrentar a possibilidade de ser substituído – um medo que ressoa em muitos níveis humanos, como a aversão à obsolescência e à substituição. Outro exemplo é o filme *Divertida mente*,[57] em que as emoções humanas fundamentais são

---

[57] DIVERTIDA mente. Direção: Pete Docter. Estados Unidos: Pixar Animation Studios e Walt Disney Pictures, 2015. Vídeo (94 min).

personificadas, que nos ensina que é possível a alegria coexistir com a tristeza. Na trama, as duas emoções são inseparáveis, e revela-se que a verdadeira felicidade emerge ao aceitarmos e aprendermos com os momentos difíceis, buscando criar mais momentos alegres em nossa vida.

CONECTANDO OS PONTOS: SÓ É POSSÍVEL CHEGAR À ADESÃO SE HOUVER INTERESSE E ATENÇÃO DO PÚBLICO

Juntando os conceitos vistos até aqui, podemos afirmar que para acontecer a adesão a uma ideia é preciso despertar o interesse do público com um assunto relevante e de uma forma impactante e gerenciar a atenção da audiência o tempo todo.

ASSIM COMO UM BOM FILME, QUE NOS PRENDE DO INÍCIO AO FIM.

Como já falamos aqui, você já deve ter desistido de assistir a uma série ou filme por falta de interesse e, como consequência, atenção, certo? A dispersão é o pior inimigo de qualquer palestrante. Nossa mente seleciona aquilo que é importante. Se no momento de uma palestra você passa a não se importar mais, perdeu o "jogo".

Por isso que o processo de adesão anda junto com o de identificação. Nós nos identificamos com aquilo que importa. Ao sentirmos que algo fará a diferença em nossa vida, certamente daremos prioridade para aquela mensagem. E, muitas vezes, a diferença pode estar no simples entretenimento; afinal, a vida é bastante complexa e precisamos desses momentos que representam uma pausa na nossa rotina.

Uma boa palestra pode ser essa pausa para reflexão que nos leva para uma espécie de universo paralelo. Então, quando voltarmos para nossa rotina, a palestra bem-sucedida vai garantir a retenção da mensagem – assunto que aprofundaremos no próximo capítulo.

10.

RETENÇÃO: A MENSAGEM VIVA POR MAIS TEMPO

> O aprendizado é o que permanece depois que o esquecimento faz o seu trabalho.
>
> **Rubem Alves**[58]
>
> [O cérebro] é uma "máquina de esquecer" muito eficaz.
>
> **Tim Ash**[59]

As pessoas vão esquecer a grande maioria das coisas que acontecem com elas ao longo de um dia, isso é um fato. E, por mais incrível que seja, elas também vão esquecer grande parte da sua palestra. O que um palestrante inesquecível faz é garantir que elas se lembrem do essencial.

AS PESSOAS NUNCA VÃO SE LEMBRAR 100% DA SUA PALESTRA, MAS DEVEM SE LEMBRAR DE 100% DA MENSAGEM PRINCIPAL

Defina o que é mais importante e o que você quer que a plateia lembre

Como vimos anteriormente, a mensagem mais importante é a moral da história, a ideia governante, o tema central de sua palestra. Tudo que é apresentado existe para entregar essa mensagem – quando essa mensagem principal está clara, o roteiro será definido com mais facilidade. O TED de Tim Urban sobre a mente de um procrastinador, por exemplo, nos entretém do começo ao fim e deixa a mensagem muito forte para pensarmos: "Somos todos procrastinadores".

---

[58] ALVES, R. *In*: **Pensador**. Disponível em: https://www.pensador.com/frase/MzI3NTMxMg/. Acesso em: 29 fev. 2024.

[59] ASH, T. **A mentira da racionalidade**: desmistificando nosso modo de pensar e por que agimos como agimos. São Paulo: Gente, 2022. p. 62.

Urban começa a palestra compartilhando sua experiência pessoal com a procrastinação, sobretudo durante seus anos de universidade, em que adiou a escrita de uma tese de noventa páginas até três dias antes do prazo de entrega. Ele explora como a procrastinação não só prejudica a qualidade do que entregamos, mas também afeta a realização de objetivos de longo prazo, como abrir um negócio ou resolver problemas importantes na vida.

Durante a palestra, Tim Urban argumenta que todos são procrastinadores de alguma forma, pois ninguém tomou todas as medidas necessárias para alcançar tudo o que deseja na vida. Ele destaca que a procrastinação não é apenas adiar tarefas acadêmicas ou profissionais, mas também postergar ações significativas na vida. A palestra é marcada pelo uso criativo e cômico de visuais desenhados por Urban, que ajudam a manter o público engajado e a enfatizar seus pontos. Nesses visuais, ele deu vida a três personagens fictícios que nos ajudam a entender a complexidade da nossa mente.

O conhecimento profundo de Urban sobre o tema e seu entusiasmo tornam toda a apresentação atraente e relevante para o público.

Tudo isso que colocamos como uma sinopse da palestra sobre procrastinação é o que deve ficar na mente das pessoas, permanecendo em suas memórias. É natural que cada indivíduo interprete a mensagem à sua maneira, adicionando nuances pessoais. No entanto, para que a palestra atinja seu objetivo com eficácia, é crucial que a essência da mensagem seja uniformemente compreendida por toda a audiência. As variações ocorrem sobretudo na forma como cada pessoa reconstrói e narra a história em seus pensamentos posteriores.

Esse processo de formação da ideia central tem início na fase de brainstorming, um momento crítico em que o tema e a premissa são selecionados com cautela. Essa escolha inicial é a semente que germina e orienta todo o desenvolvimento subsequente. Com base nessa origem, estabelecem-se os critérios para a construção do roteiro, delineando-se limites claros e decisivos. Esses critérios são vitais não apenas na estruturação do conteúdo, mas também nas tomadas de decisão sobre quais elementos incluir ou excluir, assegurando que cada aspecto do roteiro contribua significativamente para a transmissão da mensagem pretendida.

Tão importante quanto "o que entra" no roteiro é "o que fica de fora"

Ao criar um roteiro para uma palestra, é fundamental considerar cuidadosamente "o que entra" e "o que fica de fora". Essa seleção criteriosa de conteúdo é a chave para uma apresentação impactante e memorável. Inspirando-se nos ensinamentos de Robert McKee e nas estratégias utilizadas em palestras TED, reconhecidas no mundo por sua eficácia e engajamento, podemos extrair princípios valiosos para esse processo.

- **Clareza de propósito:** tanto McKee quanto as palestras TED enfatizam a importância de ter um objetivo claro. Seja para informar, inspirar, educar ou entreter, cada parte do roteiro deve contribuir para esse propósito. Elimine qualquer elemento que desvie do objetivo central.
- **Estrutura narrativa forte:** segundo McKee, uma boa história deve ter uma estrutura clara com início, meio e fim. Da mesma forma, uma palestra eficaz deve guiar o público através de uma jornada, construindo um argumento ou narrativa de maneira lógica e envolvente.
- **Relevância:** as palestras TED são conhecidas por abordar temas que ressoam com um amplo público. Ao decidir o que incluir no roteiro, pergunte-se: *Isso é relevante para o meu público? Eles podem se identificar com isso?*.
- **Simplicidade e foco:** McKee aconselha a evitar complexidades desnecessárias em narrativas. Da mesma forma, um roteiro de palestra deve ser focado e livre de distrações. Concentre-se em poucas ideias principais e desenvolva-as a fundo, ao invés de superficialmente abordar muitos tópicos.
- **Emoção e surpresa:** como vimos até aqui, elementos emocionais e surpresas mantêm o público engajado. As palestras TED frequentemente utilizam histórias emocionantes ou revelações surpreendentes para manter o interesse do público. Incorpore elementos que provoquem emoção ou ofereçam novas perspectivas.

- **Fechamento impactante:** finalize com um ponto alto. Seja um apelo emocional, uma revelação surpreendente ou uma chamada à ação poderosa, a conclusão deve deixar uma impressão duradoura, incentivando a reflexão ou ação.

Em suma, a habilidade de discernir "o que entra" e "o que fica de fora" de um roteiro é um exercício de equilíbrio entre manter o foco no objetivo principal, criar uma narrativa envolvente e acessível e garantir que cada elemento escolhido adicione valor significativo à experiência geral da audiência.

A importância da "trama" na retenção das mensagens principais

Ao longo do livro, falamos bastante sobre história e trama, e agora chegou o momento de nos aprofundarmos e diferenciarmos as duas de uma vez por todas. A trama é um elemento fundamental para que uma história ganhe vida. Uma boa trama entretém. Uma história ensina. Uma trama conduz a experiência da audiência de um evento para o outro, de modo dinâmico e direcionado pelo conflito, responsável por uma mudança significativa na vida do protagonista.

Uma história sem trama fica genérica e difícil de representarmos visualmente em nossa mente. Uma trama sem uma história poderosa por trás pode ser uma perda de tempo.

Existem algumas definições que diferenciam história e trama. Vamos a elas:

História versus trama – conceitos centrais

História: é o conjunto de todos os eventos em uma narrativa, tanto os que são apresentados explicitamente quanto os que são inferidos ou implícitos. Ela inclui o contexto, os antecedentes dos personagens e os eventos que acontecem fora das páginas ou telas. A história é como um iceberg: uma grande parte fica submersa e invisível, mas é essencial para a compreensão do todo.

Exemplo: em *O Senhor dos Anéis*, a história inclui a criação dos Anéis de Poder, o background de cada personagem e a mitologia da Terra Média.

Trama: é a sequência de eventos que são explicitamente mostrados ou narrados na história. É uma estrutura construída com critério que guia o público através da narrativa, destacando conflitos, crises e resoluções. A trama é como o caminho que se percorre em uma floresta, conduzindo o leitor por uma série de eventos e reviravoltas.

Exemplo: na trama de *O Senhor dos Anéis*, a jornada de Frodo para destruir o Um Anel é a sequência principal de eventos que o público acompanha.

Conflito e mudança

História: enquanto ela pode abranger uma gama ampla de eventos e detalhes, nem sempre a história está focada no conflito. A história pode incluir descrições, contextos culturais e detalhes que enriquecem o mundo narrativo, mas que não necessariamente impulsionam a ação.

Trama: a trama é impulsionada pelo conflito. É ele que move a narrativa, cria tensão e mantém o interesse do público. É na trama que ocorrem as mudanças significativas e as decisões dos personagens, levando ao clímax e à conclusão da história.

Visualização e engajamento

História: a história oferece uma base para a imaginação, mas pode ser difícil de visualizar sem uma trama bem construída. Uma história sem uma trama envolvente pode ser percebida como monótona ou sem direção.

Trama: é o que torna uma história visualizável e emocionante. É a trama que guia o público através de uma experiência multissensorial, criando cenas memoráveis e momentos de tensão que prendem a atenção.

A diferenciação entre história (*story*) e trama (*plot*) tem sido um tópico de discussão entre teóricos e escritores ao longo dos séculos. Vamos explorar como cada um dos mencionados a seguir – Aristóteles, Robert McKee, Syd Field, Karl Iglesias e Brian McDonald – entende e diferencia esses conceitos.

- **Aristóteles:** em sua obra *Poética*, Aristóteles é um dos primeiros a fazer essa distinção entre história e trama. Para ele, a trama (*mythos*) é a "alma" da tragédia, referindo-se à organização sequencial de eventos e ações com os termos princípio, meio e fim. Ele valoriza a trama como o elemento mais importante de uma narrativa. A história, para Aristóteles, é o conjunto desses eventos.

  Ele enfatiza a importância de uma trama bem construída, que deve ter unidade e ser completa em si mesma, para gerar catarse no público;

- **Robert McKee:** em seu livro *Story*, Mckee explica que a história envolve os eventos e o mundo no qual os eventos narrados ocorrem. A trama é a sequência desses eventos com causalidade, em que cada evento causa o próximo.

  Para ele, a trama é um aspecto da história, um padrão de eventos dentro dela. A história é mais ampla, englobando também os personagens, o mundo e até mesmo a temática da narrativa;

- **Syd Field:** conhecido por seu trabalho em roteiros, Field foca muito a estrutura de trama em seus livros.[60] Ele vê a história como a narrativa geral, abrangendo o mundo, personagens e eventos.

  A trama, segundo ele, é a estrutura através da qual a história é contada, incluindo elementos como pontos de virada e clímax. Ele acentua a importância da estrutura na trama para manter o público engajado;

- **Karl Iglesias:** em suas obras sobre escrita de roteiros, Iglesias também faz uma distinção entre história e trama. Ele sugere que a história é o que acontece na narrativa, enquanto a trama é como esses eventos são organizados para o público.

  Para ele, a trama é uma ferramenta para apresentar a história de modo mais eficaz e envolvente, destacando a maneira como a história é contada;

---

[60] FIELD, S. **Manual do roteiro**. Rio de Janeiro: Objetiva, 1995.

- **Brian McDonald:** em *Invisible Ink*,[61] McDonald aborda a história como uma série de eventos conectados que revelam verdades. Para ele, a história é a verdade que se desdobra através desses eventos, e a trama é o mecanismo que leva o público a acompanhar a história e garante que a narrativa seja coesa e engajante.

Em resumo, esses teóricos e escritores concordam que a história é o conjunto de eventos e o mundo no qual eles ocorrem, enquanto a trama é a maneira como esses eventos são organizados e apresentados ao público. A trama é vista como crucial para a eficácia da narrativa, responsável por manter o público engajado e transmitir a essência da história.

> A HISTÓRIA E A TRAMA, PORTANTO, SÃO INTIMAMENTE INTERLIGADAS. A TRAMA SERVE À HISTÓRIA, GARANTINDO QUE EMOÇÕES E TEMAS SEJAM APRESENTADOS DE MANEIRA EFICAZ – OU SEJA, UMA TRAMA BEM CONSTRUÍDA É ESSENCIAL PARA REVELAR A HISTÓRIA DE MODO IMPACTANTE.

O foco da Pixar na história como um meio de criar uma conexão emocional profunda com o público, e na trama como o mecanismo para contar essa história de modo envolvente, é um dos principais motivos de seu sucesso e aclamação crítica. Narrativas como *Toy Story*, *Up: altas aventuras*[62] e *WALL-E*[63] são exemplos emblemáticos de como o estúdio equilibra habilmente os dois elementos para criar filmes memoráveis e afetuosos.

---

[61] McDONALD, B. **Invisible Ink**: A Practical Guide to Building Stories That Resonate. Omaha: Talking Drum LLC, 2017.

[62] UP: altas aventuras. Direção: Pete Docter. Estados Unidos: Pixar Animation Studios e Walt Disney Pictures, 2009. Vídeo (96 min).

[63] WALL-E. Direção: Andrew Stanton. Estados Unidos: Pixar Animation Studios e Walt Disney Pictures, 2008. Vídeo (97 min).

Um tema claro e impactante traz significado para a mensagem

Sabe aquelas apresentações que ficamos nos perguntando *E daí?*. Quando isso acontece, é provável que a narrativa tenha se perdido e não conte com uma mensagem clara. Todos os grandes filmes a que você assistiu contam com uma mensagem principal que ficou na sua mente – por isso eles resistem ao tempo e ficam marcados na memória.

O mesmo deve acontecer com uma palestra. No discurso de Steve Jobs em Stanford, ele expõe três histórias para o público, cada uma com um tema bem definido – esse é um dos motivos pelo qual essa fala prende a atenção da audiência o tempo todo. Durante sua apresentação, Jobs explora as seguintes histórias:

1. **"Conectar os pontos":** Jobs falou sobre como abandonar a faculdade o levou a frequentar cursos que realmente o interessavam, como caligrafia, que pareciam inúteis na época, mas que foram cruciais para o design dos primeiros computadores Macintosh. A lição aqui é que, olhando para trás, é possível conectar os pontos de nossas experiências e entender como elas nos levam ao nosso destino. Aprendemos que devemos confiar que as escolhas que fazemos nos levarão aonde precisamos estar.

2. **Amor e perda:** durante sua fala, Jobs contou sobre como foi demitido da Apple, a empresa que fundou, e como isso foi devastador de início. No entanto, ele percebeu que ainda amava o que fazia e isso o levou a fundar a NeXT e a Pixar, que foram enormes sucessos. A lição aqui é sobre a importância de fazer o que se ama. Quando se perde tudo, a paixão pelo trabalho pode ser um guia para a recuperação. Jobs encorajou os formandos a não se acomodarem, mas a continuarem procurando o que realmente amam.

3. **Morte como conselheira:** por fim, Jobs falou sobre sua experiência com o diagnóstico de câncer e como encarar a morte o fez entender

a importância de viver cada dia como se fosse o último. Ele enfatizou que a consciência da morte é uma importante ferramenta para fazer escolhas significativas na vida, pois ajuda a evitar a armadilha de pensar que temos algo a perder. Devemos viver com a coragem de seguir nosso coração e intuição.

Essas histórias, juntas, formam um poderoso lembrete sobre a importância de perseguir nossas paixões, acreditar em nossos sonhos – mesmo quando não fazem sentido no momento – e viver cada dia ao máximo.

Além da mensagem impactante, a estrutura clara dos tópicos é um dos motivos pelo qual esse discurso de Jobs se tornou uma referência de palestra fora de série.

A IMPORTÂNCIA DA EMOÇÃO PARA FIXAR AS MENSAGENS

A relação entre emoção e memória é um dos pilares fundamentais da neurociência cognitiva e tem implicações diretas na forma como absorvemos e retemos informações. O trabalho de Eric Kandel,[64] vencedor do prêmio Nobel, ilumina essa conexão, destacando como as experiências carregadas emocionalmente, sejam elas positivas ou negativas, têm maior probabilidade de serem gravadas em nossa memória de longo prazo. Isso ocorre porque o hipocampo, a região do cérebro encarregada de processar e armazenar memórias novas, é sensível às emoções. Este fenômeno explica porque momentos de intensa alegria, tristeza ou medo tendem a permanecer conosco, enquanto detalhes mundanos ou neutros emocionalmente logo desaparecem da memória.

Ao aplicar esses insights a uma apresentação, os palestrantes têm uma oportunidade poderosa de tornar suas mensagens não apenas ouvidas, mas também lembradas ao longo do tempo. Ao criar pontos de conexão emocio-

---

[64] KANDEL, E. R. **Em busca da memória**: o nascimento de uma nova ciência da mente. São Paulo: Companhia das Letras, 2009.

nal com a audiência, é possível aumentar significativamente a retenção do conteúdo apresentado.

A chave é reconhecer e utilizar o poder das emoções como uma ponte entre a informação apresentada e a memória de longo prazo dos ouvintes, transformando a palestra de uma simples transmissão de dados em uma experiência memorável e transformadora.

O desafio de fazer rir e chorar

Lembra do que falamos sobre o poder do humor para manter as pessoas conectadas? Então, fazer a sua audiência rir pode ser um dos métodos para gerar a ponte entre a informação exposta e a memória de longo prazo do seu público.

Nas palestras, recursos como rir de si mesmo são uma excelente maneira de diminuir os riscos envolvidos no humor e ainda revelam quem você é de verdade, enquanto você se conecta emocionalmente com o público.

No trabalho que fizemos para o Tony Kanaan, corredor de Fórmula Indy, tivemos um desafio: como começar a palestra de um cara bem-sucedido, baixinho e narigudo? Tão narigudo que é motivo de piada? Sabendo disso, resolvemos tirar essa interferência da cabeça da audiência. Em sua palestra, a primeira fala de Kanaan é: "Sabiam que estou sempre à frente da competição? É porque eu estou sempre um nariz à frente! Ele sempre chega antes de todo mundo". Depois disso, ninguém mais pensa em piada sobre o seu nariz. Isso "desarma" a audiência.

Conduzir uma palestra é gerenciar emoções. É impossível não sentirmos alguma coisa quando escutamos alguém. Mesmo quando não existe algum visual projetado, a audiência vai resgatar em sua história eventos relacionados ao que está sendo dito. Por isso, ao conduzir uma experiência subjetiva na audiência, lembre-se sempre de trazer elementos que representam algo importante para todos. É o tal do inconsciente coletivo – aquilo que todos sentem e sempre vão sentir quando pensam em elementos universais.

Fazer chorar pode ser fácil. Em geral, as pessoas estão vulneráveis, fragilizadas, infelizes, deprimidas, enfim, sensíveis. Só o fato de você colocar uma música triste e trazer uma reflexão como "Pense naquela pessoa que não está mais aqui, mas você sempre lembra dela...", provavelmente já traz o choro – e isso não significa que aquele momento foi bem planejado.

O que queremos dizer é que fazer chorar pode ser fácil, mas fazer isso pelo motivo certo, carregando algo que será sempre lembrado, deve ser o objetivo. Só assim você está cumprindo o papel de gerar uma transformação.

Chorar em uma palestra não deve ser forçado, mas emergir de uma conexão profunda com o público. Uma técnica eficaz é tocar em temas universais que ressoam com o público. Por exemplo, Steve Jobs, em seu discurso "Conecte os pontos", utilizou suas experiências pessoais de fracassos e sucessos para se conectar com o público, e essas histórias, entrelaçadas com emoções genuínas, levaram muitos às lágrimas.

O desafio de fazer rir e chorar em palestras reside em entender e se conectar com o público de maneira autêntica, usando humor e emoção não como ferramentas isoladas, mas como parte integrante de uma narrativa poderosa e transformadora.

Uma passagem de uma das palestras de Joni Galvão fala sobre a evolução da "família PowerPoint". Ao encarar as tecnologias como pessoas, Joni já abre um espaço para a audiência se entreter, ou seja, encurta o caminho até os risos. Ao mostrar um slide de PowerPoint superconfuso, Joni começa um "julgamento" para ver se o software é culpado ou não pelas apresentações ruins. Depois de passar pelo entendimento de quem foi o pai do PowerPoint (o retroprojetor de transparências) e o avô (o carrossel de slides), a conclusão é unânime: o PowerPoint está absolvido. Afinal, você vê um filme ruim na TV e joga ela fora? Com esse jeito informal e com a originalidade da metáfora, a audiência se conectou do começo ao fim, rindo e tendo insights ao mesmo tempo.

Gerenciando as emoções com "viradas" dentro do roteiro

A relação entre os pontos de virada no cinema e na "vida como ela é" envolve a comparação entre a estrutura narrativa e os eventos da vida real. Vamos explorar como esses conceitos se interligam.

No cinema, os pontos de virada são elementos estruturais cuidadosamente planejados que mudam a direção da história ou a trajetória do personagem. Eles são essenciais para manter o interesse do público, criando tensão, conflito e surpresa. Em um roteiro, os pontos de virada mais relevantes são aqueles que mudam a direção da história fazendo a transição entre os diferentes atos e mantendo a audiência engajada.

Já na vida real, os "pontos de virada" podem ser comparados a momentos significativos ou eventos que alteram fundamentalmente o curso da vida de uma pessoa. Isso pode incluir uma variedade de experiências, como um encontro importante, uma perda significativa, uma oportunidade inesperada ou uma revelação pessoal.

Tais eventos podem mudar a maneira como uma pessoa vê o mundo, influenciar suas decisões futuras e transformar o curso de sua vida. Mas eles também podem ser "micro", ou seja, um simples olhar feio para o carro do lado pode disparar uma sequência de ações que, de virada em virada, podem levar a uma "treta" sem fim. Chamamos de "treta" em referência à série da Netflix de mesmo nome[65] que começa com um desentendimento de trânsito e leva a uma história com dez episódios.

E qual é a relação entre esse elemento do cinema e o da vida como ela é? Os pontos de virada no cinema muitas vezes refletem a natureza imprevisível e transformadora dos eventos da vida real. Eles oferecem um espelho dramatizado de como momentos inesperados ou revelações podem mudar nossa vida.

No cinema, essas viradas ajudam a criar uma experiência emocional para o público, permitindo que as pessoas experimentem as reviravoltas da vida de uma maneira segura e controlada. Isso pode levar a maior empatia e compreensão das complexidades da vida humana.

Enquanto os pontos de virada no cinema são muitas vezes dramáticos e claramente definidos, na vida real eles podem ser mais sutis e graduais. A vida não segue um roteiro estruturado, e as mudanças significativas podem acontecer de modo mais lento e sutil.

---

[65] TRETA [Seriado]. Produção: Lee Sung Jin. Estados Unidos: Netflix, 2023.

Por isso, quando você for escolher os eventos que farão parte do seu roteiro, tenha claro aonde você quer chegar (clímax) e de onde a história partiu (incidente incitante). Os eventos que formam uma narrativa na nossa vida acontecem em diferentes momentos do tempo e espaço. A arte está em juntar uma sequência de causa e efeito e trazer uma sensação para a audiência de um contexto específico, um recorte da vida que traz significado e insight.

Os pontos de virada têm sido um elemento essencial na história do cinema de Hollywood, marcando momentos memoráveis e muitas vezes definindo o sucesso e a influência de um filme. Vamos listar alguns exemplos notáveis que ilustram como essa ferramenta é usada efetivamente e que podem servir de inspiração para criar as viradas da sua palestra:

Star Wars: o Império contra-ataca:[66] um dos pontos de virada mais icônicos na história do cinema ocorre quando Darth Vader revela a Luke Skywalker que ele é seu pai. Essa revelação não só muda drasticamente a percepção de Luke sobre seu passado e futuro, mas também teve um impacto significativo nos fãs e na cultura pop. Nesse ponto de virada, nós somos levados a lembrar dos momentos em que a narrativa "plantou pistas" e nos deixou curiosos. Por exemplo, quando o Mestre Yoda olha preocupado para Luke e seu comportamento impulsivo – sem o ponto de virada, nós não entendemos o motivo da preocupação, mas depois da revelação tudo fez sentido.

Psicose:[67] um exemplo clássico é a cena do chuveiro, em que a até ali protagonista é brutalmente assassinada no início do filme. Esse ponto de virada é chocante e inesperado, alterando a direção da narrativa e subvertendo as expectativas do público.

---

[66] STAR Wars: o Império contra-ataca. Direção: Irvin Kershner. Estados Unidos: Lucasfilm, 1980. Vídeo (124 min).
[67] PSICOSE. Direção: Alfred Hitchcock. Estados Unidos: Shamley Productions, 1960. Vídeo (109 min).

O Sexto Sentido: o ponto de virada no final do filme, em que se descobre que o personagem principal, dr. Malcolm Crowe, está morto, altera a percepção do espectador sobre tudo que assistiu.

 Titanic:[68] o choque do navio com o iceberg é o ponto de virada crucial do filme, mudando o foco da história do romance entre Jack e Rose para a luta pela sobrevivência no naufrágio do Titanic.

 Forrest Gump – O contador de histórias: o filme está repleto de pontos de virada, mas um dos mais significativos é quando Forrest começa a correr, um ato que define grande parte da segunda metade do filme e leva a vários eventos importantes em sua vida.

 Matrix: o ponto de virada ocorre quando Neo escolhe tomar a pílula vermelha, levando-o a descobrir a verdade sobre a Matrix e mudando completamente o curso de sua vida.

No final das contas, os pontos de virada não apenas alteram o curso da história, mas também têm um impacto emocional profundo no público e podem se tornar momentos icônicos na cultura pop.

CAUSA, TEMPO E EFEITO

Tudo na nossa vida acontece em uma relação entre **causa**, **tempo** e **efeito**. E tudo que fazemos gera efeitos que podem ser positivos ou negativos. Raramente neutros.

Esse princípio, como vimos, é a base de qualquer trama.

Na hora de escrever, você não precisa só pensar em causa e efeito imediato, mas também a longo prazo, já que a vida coloca uma variável entre

---

[68] TITANIC. Direção: James Cameron. Estados Unidos: Paramount Pictures, 20th Century Fox e Lightstorm Entertainment, 1997. Vídeo (195 min).

eles – o tempo. A habilidade para escrever uma trama usando o aspecto temporal é fundamental para trazer veracidade à sua palestra. Na vida real, o que aconteceria como consequência de uma decisão, mesmo que muito tempo depois? O que aconteceria de imediato depois de uma ação tomada? A habilidade em encontrar essas respostas fará com que seu roteiro seja um espelho da vida, gerando maior conexão com a audiência.

Sua palestra não precisa ser uma linha do tempo com tudo que aconteceu, exatamente na ordem que aconteceu. Você pode trazer a causa e, em outro momento, fechar o arco de uma mini-história com o efeito, que pode ser o pontapé de um novo conflito e assim seguir até o clímax da narrativa.

Essa relação entre causa, efeito e tempo pode ser observada em diversos aspectos da vida real, como:

- **Desastres ambientais causados por práticas industriais insustentáveis:** o desastre de Bopal, na Índia, em 1984, é um caso emblemático.[69] Uma fuga de gás tóxico de uma fábrica de pesticidas expôs mais de meio milhão de pessoas a substâncias químicas mortais. Esse evento foi resultado de práticas de segurança negligentes e falta de manutenção adequada, e suas consequências não foram apenas imediatas, mas também se estenderam por décadas, afetando a saúde das gerações seguintes e o meio ambiente local.

- **Crises financeiras causadas por decisões econômicas precipitadas:** a Crise de 2008[70] é um exemplo clássico de causa, efeito e tempo. Originou-se em grande parte devido a práticas de empréstimo irresponsáveis e a uma regulamentação inadequada no setor financeiro dos Estados Unidos, sobretudo no mercado imobiliário.

---

[69] GIOVANAZ, D. Maior crime industrial da história soma 600 mil vítimas e afeta 3ª geração na Índia. **Brasil de Fato**, 19 mar. 2020. Disponível em: https://www.brasildefato.com.br/2020/03/19/maior-crime-industrial-da-historia-soma-600-mil-vitimas-e-afeta-3-geracao-na-india. Acesso em: 29 fev. 2024.

[70] MELHORES e maiores 50 anos: bolha imobiliária estoura e deflagra a crise mundial em 2008. **Exame**, 3 ago. 2023. Disponível em: https://exame.com/brasil/melhores-e-maiores-50-anos-bolha-imobiliaria-estoura-e-deflagra-a-crise-mundial-em-2008/. Acesso em: 29 fev. 2024.

As repercussões dessa crise foram sentidas globalmente, levando a recessões em várias economias, aumento do desemprego e perdas substanciais para investidores.

- **Consequências de políticas públicas mal planejadas:** a decisão do governo soviético de construir a Usina Nuclear de Chernobyl sem as devidas medidas de segurança resultou em uma explosão que foi um dos piores desastres nucleares da história, com efeitos que perduram até hoje. A exposição à radiação afetou gravemente a saúde dos habitantes locais e dos trabalhadores da usina, além de causar uma vasta contaminação ambiental. As consequências a longo prazo incluem problemas de saúde contínuos, realocação de populações e impactos econômicos duradouros na região.[71]

O roteiro de uma palestra eficaz deve ser cuidadosamente elaborado para estabelecer uma narrativa envolvente, em que cada um desses elementos contribui para um todo coerente e impactante. Em vez de depender da indução – persuadir a audiência com argumentos soltos e desconexos –, é vital criar uma trama que defina uma relação lógica e emocionalmente cativante de causa, efeito e tempo. Essa é mais uma abordagem que ajuda a audiência a conectar-se com a mensagem de maneira mais profunda e memorável.

Para construir uma narrativa persuasiva, um método eficiente é começar pelo clímax, o ponto alto da história, e então retroceder para encontrar o momento inicial, a "faísca" que desencadeou os eventos subsequentes. Essa técnica permite construir uma sequência de eventos que se desenvolve naturalmente, aumentando a tensão e o envolvimento do público até o final da apresentação.

Tomemos, por exemplo, a clássica trilogia de *Star Wars*. A narrativa começa com uma revelação fundamental feita por Obi-Wan Kenobi a Luke Skywalker sobre a morte de seu pai pelas mãos do Império – uma metáfora,

---

[71] ACIDENTE de Chernobyl. **Mundo Educação**, 2007. Disponível em: https://mundoeducacao. uol.com.br/historiageral/acidente-chernobyl.htm. Acesso em: 29 fev. 2024.

pois Anakin Skywalker foi seduzido pelo lado sombrio da força –, plantando uma semente de curiosidade e conflito na mente do público. A complexidade da trama se desdobra em O *Império contra-ataca*, quando Darth Vader surpreende Luke (e a audiência) com a revelação chocante de ser seu pai. Esse ponto de virada não só redefine a relação entre os personagens, mas também influencia decisivamente as ações de Luke. No final da trilogia, em O *retorno de Jedi*,[72] testemunhamos a redenção e o desfecho emocional da história. Luke opta por não matar Vader, mas, em vez disso, o ajuda a alcançar a redenção, culminando em um momento de humanidade compartilhada e reconciliação, quando Luke vê o rosto de seu pai pela última vez. Esse arco narrativo não só cria um elo emocional com a audiência, mas também serve como um exemplo poderoso de como uma história bem construída pode influenciar e ressoar com o público.

CONECTANDO OS PONTOS: NÃO EXISTE TRANSFORMAÇÃO SEM RETENÇÃO

Se você não se lembra do que foi dito, não há aprendizado. Simples assim. Se, depois de uma palestra, você se esquece das mensagens e se lembra apenas do "show", então estamos diante de puro entretenimento.

Reforçamos: a eficácia de uma palestra vai além do mero entretenimento e se concretiza na capacidade de gerar uma mudança duradoura na audiência. Quando um palestrante se limita a um espetáculo sem um conteúdo substancial, ele entrega apenas entretenimento efêmero. No entanto, a verdadeira transformação acontece quando as palavras apresentadas ficam na memória e na prática diária da audiência. Isso é especialmente relevante em eventos corporativos, em que o investimento em uma palestra é direcionado não só para engajar, mas também para inspirar mudanças práticas e mensuráveis dentro da organização.

---

[72] STAR Wars: o retorno de Jedi. Direção: Richard Marquand. Estados Unidos: Lucasfilm, 1983.

A palestra "O menino que só tinha uma chance", ministrada por Joni Galvão, exemplifica bem essa filosofia. Apresentada em uma série de eventos, ela constrói uma narrativa envolvente, unindo eventos através de uma cadeia lógica de causa e efeito. Joni Galvão, ao narrar a própria jornada, revela como transformou suas vulnerabilidades em forças. Desafiando as expectativas sociais, ele descobre um nicho promissor no mundo das apresentações corporativas, em que cada momento é percebido como uma oportunidade única.

Durante sua fala, Galvão intercala elementos de sua vida pessoal com insights profundos sobre os princípios que nortearam suas decisões. Essa abordagem não apenas enriquece o roteiro, mas também realça o impacto visual de sua apresentação. A palestra, feita em 2009, continua a influenciar pessoas até hoje, evidenciando seu impacto transformador e duradouro.

Um experimento realizado com grupos de audiência ilustra a importância da estrutura narrativa na retenção da informação. Em um teste, vários objetos foram apresentados a um grupo para que memorizassem, sem nenhum contexto adicional. A taxa de acerto em lembrar esses objetos foi extremamente baixa. Por outro lado, quando os mesmos objetos foram apresentados a outro grupo dentro de uma história coesa, ligando cada item através de uma narrativa de causa e efeito, a taxa de lembrança disparou para quase 100%. Esse experimento é a prova da capacidade do cérebro humano de reter informações quando elas são inseridas em uma estrutura narrativa lógica e envolvente.

Portanto, o poder de uma palestra memorável e transformadora reside em sua habilidade de entregar uma narrativa que não só captura a atenção, mas também deixa um legado de aprendizado e mudança.

A VERDADEIRA TRANSFORMAÇÃO ACONTECE QUANDO AS PALAVRAS APRESENTADAS FICAM NA MEMÓRIA E NA PRÁTICA DIÁRIA DA AUDIÊNCIA.

@JoniGalvao
@DennisPenna

11.

CLÍMAX:
O MELHOR FICA
PARA O FINAL

O final é a última experiência do público com a sua palestra. Ele ficará na mente das pessoas, pois é o momento que todos esperam. Mesmo que o público se impressione com um início e meio deslumbrantes, ambos carregados de reviravoltas imprevisíveis, qualquer experiência de prazer do público será diminuída ao passar por um final sem brilho.

A decepção do público será mais intensa depois de experimentar um final medíocre do que um meio ou começo medianos. Um final surpreendente pode salvar uma história considerada média.

Clímax é o encontro decisivo que resolve o conflito entre seu protagonista e as forças antagônicas que surgiram durante a narrativa.

O final de uma história tem dois componentes: o clímax e a resolução. O clímax é o momento mais esperado, e a resolução mostra como ficou a vida do protagonista depois de ter alcançado (ou não!) o seu desejo. Assim como no início do ato 1 temos a ambientação, mostrando o dia a dia do protagonista antes de ter sua vida perturbada pelo incidente incitante, na resolução queremos saber como será a nova rotina depois da transformação. Por isso que a boa história é aquela que mostra uma transformação do protagonista. Se ele continuar o mesmo, jogue fora e não perca tempo com essa narrativa.

As subtramas também têm os próprios finais. São as mini-histórias que surgem durante a narrativa e são resolvidas antes de chegar o clímax principal.

A grande questão que é respondida pelo clímax é: será que o protagonista conseguirá o que quer?

O início da sua história estabelece essa questão definindo o principal objetivo, sonho ou problema do personagem. Isso seria respondido muito rapidamente se não fosse pelas forças antagônicas, aqueles obstáculos que ficam entre o protagonista e o seu desejo. É nesse ponto do storytelling que surgem os conflitos que sustentam nossa atenção do começo ao fim.

Para que o público se importe com o que acontece no clímax, primeiro ele precisa se preocupar com o protagonista, portanto, a reação que a audiência terá no final da história depende daquilo que você fez durante o decorrer da narrativa.

A fim de criar um contexto de um clímax inesquecível, durante o primeiro ato, apresente ao público pistas emocionais que inspiram:

- Empatia (sentir na pele o que o protagonista sente);
- Simpatia (gostar dele);
- Fascínio (nos faz querer o mesmo que ele quer);
- A combinação de todos esses sentimentos.

Ao longo da narrativa, os personagens tomam decisões espontâneas. No clímax, a decisão mais importante acontece. E o contexto que ela surge é, na sua maioria, um dilema, a crise final, um momento de perigo com oportunidade. Perigo, na medida em que a decisão errada naquele momento colocará em risco o desejo do protagonista. Oportunidade, pois a escolha certa o fará alcançar o seu desejo.

No cinema, o clímax é a cena obrigatória. Se ela for retirada da narrativa, a história perde seu sentido. Imagine retirar a cena de Eliot, em *E.T.*,[73] tomando a decisão de deixá-lo ir para seu planeta.

Um enorme erro que muitos palestrantes cometem é querer trazer um final feliz, achando que vai motivar a audiência. Ao fazer isso, porém, seus roteiros não trazem a verdade da vida como ela é. Afinal, como já dissemos

---

[73] E.T. O extraterrestre. Direção: Steven Spielberg. Estados Unidos: Amblin Entertainment e Universal Studios, 1982. Vídeo (114 min).

algumas vezes, toda história tem "era uma vez", mas nenhuma tem o "foram felizes para sempre".

Nunca somos felizes para sempre. E qualquer conquista, por mais positiva que seja, envolve também renúncias. Nesse sentido, o final mais realista de uma história é irônico. Ou seja, tem um pouco de cada carga de valor, positivo e negativo. No filme *Beleza americana*,[74] o protagonista começa a história em uma situação em que sua vida está tão ruim que ele se considera um morto-vivo. Ao descobrir que existe muita beleza nesse mundo, ele chega ao final em uma situação de extrema felicidade, mas acaba morrendo. Ou seja, a morte o encontrou vivo! Um final irônico. Feliz por ele ter encontrado o significado da vida e triste por ter morrido.

UM FINAL DEVE SER SURPREENDENTE E INEVITÁVEL

O clímax deve ser inevitável e surpreendente – é isso que diz Aristóteles em *Poética*.

Essa afirmação reflete uma profunda compreensão da arte da narrativa. Mas... Por que ele acredita nisso? Vamos por partes:

- **Surpreendente:** Aristóteles acreditava que um bom final de história deve surpreender o público. Isso significa que o desfecho deve ser inesperado ou revelar algo que não era óbvio anteriormente. Essa surpresa mantém o público engajado e interessado, criando uma experiência memorável. A surpresa pode vir na forma de uma reviravolta na trama, uma revelação de caráter ou um evento inesperado que muda a direção da história.
- **Inevitável:** ao mesmo tempo, Aristóteles enfatizava que o final deve ser percebido como inevitável, dado o curso dos eventos da história.

---

[74] BELEZA americana. Direção: Sam Mendes. Estados Unidos: DreamWorks SKG e Jinks/Cohen Company, 1999. Vídeo (122 min).

Isso significa que, apesar de surpreendente, o final deve ser um resultado lógico e natural dos eventos e decisões dos personagens ao longo da narrativa. Um final inevitável dá a sensação de conclusão e satisfaz as expectativas do público de uma maneira coerente com a história.

A combinação desses dois elementos cria um equilíbrio perfeito em uma narrativa. A surpresa mantém a história emocionante e imprevisível, enquanto a inevitabilidade garante que a história permaneça crível e bem estruturada. Em essência, Aristóteles sugere que um bom final de história deve ser tanto um choque quanto um resultado compreensível das ações dos personagens e da trama.

No filme *Despedida em Las Vegas*,[75] o protagonista, vivido por Nicolas Cage, pede demissão do emprego dizendo que iria viajar até Las Vegas, onde beberia até morrer. E é isso que ele faz. Você deve estar pensando que não tem nada de surpreendente. Mas o que interessa nesse caso não é o fato de o clímax ser algo que já poderíamos prever. É "como" ele chegou até o final. Isso sim nos surpreende. Os eventos que levam até sua morte fazem a narrativa ser algo inesperado e, quando seu final chega, sabemos que ele era inevitável. É um clímax verdadeiro, que espelha a vida como ela é.

O clímax de qualquer boa história deve produzir significado que, por sua vez, deve gerar emoção.

O significado vem de uma revolução nos valores de positivo para negativo ou negativo para positivo, com ou sem ironia – uma oscilação de valor na carga máxima que é absoluta e irreversível. O significado dessa mudança move o coração do público.

O clímax do último ato deve justificar todo tempo que a audiência dedicou para assistir ao filme, série ou sua palestra. Sem ele, não existe história. O fluxo da vida se move de causa para efeito, mas o fluxo da criatividade muitas vezes flui de efeito para causa. Uma ideia para o clímax pode vir

---

[75] DESPEDIDA em Las Vegas. Direção: Mike Figgis. Estados Unidos: United Artists e Lumière Pictures, 1995. Vídeo (107 min).

antes de você começar a escrever seu roteiro. Quando isso acontece, a narrativa deve encontrar os "comos" e os "porquês", fazendo então surgir os atos 1 e 2.

UM BOM FINAL NÃO NECESSARIAMENTE É "FELIZ"

A chave para todos os finais de história é dar à audiência o que ela quer, mas não da maneira que ela espera. Mas... O que o público quer? Muitos acham que a audiência quer um final feliz – mas será que é isso mesmo?

Se olharmos de perto, o motivo de muitas pessoas quererem finais felizes não está apenas em evitar emoções negativas nos filmes, mas também em elas evitarem o negativo em suas vidas. Essas pessoas pensam que felicidade significa nunca sofrer, por isso nunca sentem nada de modo profundo. A profundidade da nossa alegria é diretamente proporcional ao que sofremos – é por isso que dizemos que a alma de uma boa história está no lado negativo e que um bom final não é necessariamente feliz.

O que, de fato, a audiência busca é satisfação emocional. Por isso, palestras motivacionais talvez sejam um jeito de dar uma pílula de alegria e esperança, mas seu efeito dura pouquíssimo tempo, já que não geram transformação.

Como você termina sua história é sua última chance de deixar uma impressão duradoura na audiência e realmente cumprir o objetivo de transformar o seu público. Escolha seu final com sabedoria, pois será a última coisa que a audiência lembrará ao sair da sala. Um bom começo fisga a atenção, e um bom final gera o efeito boca a boca.

Por fim, não se esqueça de que o seu clímax precisa ter total relação com o início da história, o incidente incitante. Quando você começa o ato 1 e traz o primeiro grande conflito que justifica a história, deve fechar esse arco com um clímax que traz as respostas que a audiência estava esperando. Manter a curiosidade da audiência até o final da sua fala é a melhor forma de tê-la do seu lado durante a palestra e, por que não, no dia seguinte, e no outro, com um efeito duradouro. Afinal, a transformação só acontece quando o efeito da palestra fica dentro da gente. Quando "compramos" a ideia central da palestra, nada vai tirá-la da gente. O poder de uma ideia bem formada pode mover uma nação inteira. Então, por que não mover a sua audiência para uma transformação que seja irreversível?

Alguns truques e recursos podem ajudar no impacto do clímax da sua palestra:

- Finalize com algum vídeo que tenha total relação com suas mensagens e seja o complemento que você precisava. Exemplo: vídeo da campanha da Apple "Pense diferente";[76]
- Faça uma desconstrução da sua palestra em um minuto, voltando os slides e consolidando todo o aprendizado pela repetição, uma das formas como nosso cérebro aprende;
- Conclua com uma frase de impacto e silêncio logo em seguida – o silêncio, nesse caso, puxa as palmas;
- Utilize uma metáfora e finalize com uma pergunta. Exemplo: no filme *Viva – a vida é uma festa*,[77] a mensagem é que morremos duas vezes. Uma, quando paramos de respirar, e outra, quando esquecem da gente. "E vocês? O que vão fazer para serem sempre lembrados?" – esse é um trecho da palestra de Sandra Chayo, CEO da HOPE, em que ela aborda o assunto de empresas prósperas que deixam um legado;
- Resgate uma pergunta que foi feita no início da palestra e traga a resposta de maneira impactante;
- Deixe um slide para o final, fazendo uma pergunta e respondendo-a com ele. O visual de impacto será a última imagem que a sua audiên-

---

[76] "THINK Different" (Pense diferente) – commercial da Apple legendado. 8 mar. 2016. Vídeo (1 min). Publicado pelo canal Vídeos Motivacionais. Disponível em: https://www.youtube.com/watch?v=9P_vg_uGBkE. Acesso em 29 fev. 2024.

[77] VIVA – a vida é uma festa. Direção: Lee Unkrich. Estados Unidos: Walt Disney Pictures e Pixar Animation Studios, 2017. Vídeo (105 min).

cia verá da sua palestra. Ela tem que carregar o significado principal da sua mensagem.

Lembre-se: o fechamento de uma palestra é tão crucial quanto o seu início. É o momento em que os pontos-chave são reforçados e a mensagem central é gravada na memória da audiência. Um final bem "plantado" não apenas encerra a apresentação de forma coesa, mas também solidifica a conexão com o público, garantindo que a mensagem não apenas seja ouvida, mas vivida e refletida. Alguns exemplos:

- **Murilo Gun:** o palestrante brasileiro utiliza uma abordagem inteligente ao iniciar e concluir sua palestra com a mesma pergunta: "Quem já terminou os estudos?".[78] No início quase todos levantam as mãos. Esse ciclo completo não apenas serve para medir a mudança de perspectiva da audiência, mas também reforça a sua tese de aprendizado contínuo. Ao final, a ausência de mãos levantadas não é apenas um indicativo de que a mensagem foi compreendida; é uma demonstração palpável da mudança de mentalidade nos participantes, sublinhando o impacto da sua apresentação.
- **Marcos Piangers:** em sua palestra,[79] Piangers cria uma narrativa pessoal e envolvente ao compartilhar histórias de sua vida familiar, especificamente o papel que desempenha ao brincar com suas filhas. No começo ele conta que brincava com suas filhas de *Frozen*,[80] mas elas queriam que ele fosse a princesa Elsa! Ele então se veste de princesa, pois não está sendo o herói que ele imagina, mas

---

[78] ESCOLAS matam a aprendizagem | Murilo Gun | TEDxFortaleza. 9 nov. 2016. Vídeo (15min49s). Publicado pelo canal TEDx Talks. Disponível em: https://www.youtube.com/watch?v=WauIURFTpEc. Acesso em: 29 fev. 2024.

[79] EDUCAR para poder confiar | Marcos Piangers | TEDxPorto. 17 maio 2019. Vídeo (17min14s). Publicado pelo canal TEDx Talks. Disponível em: https://www.youtube.com/watch?v=C-MoChugxZk. Acesso em: 29 fev. 2024.

[80] FROZEN: uma aventura congelante. Direção: Chris Buck e Jennifer Lee. Estados Unidos: Walt Disney Studios, 2013. Vídeo (102 min).

sim o que as filhas desejam. A conclusão "Seja o herói que seu filho acredita que você é. Seja o herói que seu filho espera que você seja" se conecta com o início, deixando uma mensagem poderosa sobre paternidade, responsabilidade e amor. Esse encerramento não só ressoa emocionalmente com o público, mas também carrega a essência da palestra de maneira memorável.

- **Tim Urban:** em sua palestra sobre procrastinação, ele aborda o tema com humor e introspecção, identificando uma característica universal da condição humana. Seu encerramento irônico, sugerindo que a audiência comece a mudar "hoje", seguido por um "Bem, talvez não hoje...", reflete a natureza paradoxal da procrastinação. Essa conclusão não só reforça sua tese, mas também deixa a audiência com uma reflexão duradoura sobre os próprios hábitos, promovendo uma autoanálise crítica de forma leve e acessível.

Esses exemplos demonstram que um final bem elaborado e conectado estrategicamente com o início da palestra pode amplificar o impacto da mensagem. Ao criar uma estrutura narrativa que envolve o público do começo ao fim, os palestrantes conseguem não apenas transmitir conhecimento, mas também inspirar mudanças, motivar ação e provocar reflexões profundas. Essa técnica de "plantar" o final desde o início cria um arco narrativo completo que envolve, educa e entretém, garantindo que a mensagem não só seja lembrada, mas também vivida.

A BOA HISTÓRIA É AQUELA QUE MOSTRA UMA TRANSFORMAÇÃO DO PROTAGONISTA. SE ELE CONTINUAR O MESMO, JOGUE FORA E NÃO PERCA TEMPO COM ESSA NARRATIVA.

@JoniGalvao
@DennisPenna

NOSSA MENSAGEM FINAL

Embarque nesta jornada com o coração aberto e a mente audaciosa, permitindo-se desbravar caminhos inexplorados e desafiar o convencional. Transforme cada fragmento de sua existência, cada momento vivido, em um farol que guie e ilumine o caminho de sua audiência. Transforme suas ideias mais profundas e relevantes em chamas de insights que incendeiam a imaginação, despertam sonhos adormecidos e instigam a alma a buscar o inédito.

À medida que você se prepara para esta nova etapa de sua jornada, em que suas palavras se tornam pontes para mundos desconhecidos, nós lhe desejamos não apenas sucesso, mas uma profunda conexão com cada coração que suas histórias tocarem. Que suas narrativas sejam o vento sob as asas de sua audiência, levando-o a voos nunca antes imaginados, a destinos repletos de possibilidades, em que a transformação não é apenas possível, mas inevitável.

Que o eco de sua voz seja um convite à mudança, uma celebração da coragem e um testemunho do poder da vulnerabilidade. Ao refletir sobre o impacto que deseja deixar, pergunte-se não apenas como sua palestra será lembrada, mas como ela vai reverberar nas profundezas do ser de cada ouvinte.

Então, com o espírito inflamado pela paixão de fazer a diferença, avance. Escreva sua história não apenas com palavras, mas com cada batida do seu coração. Porque, no final das contas, uma palestra fora de série transcende o sentido quando se torna uma ponte para a transformação, tanto sua quanto da sua audiência.

E agora, transformado, como será sua palestra? Que novos mundos você vai desvendar? Que corações vai tocar? O palco é seu.

Este livro foi impresso em papel pólen bold 70g/m²
pela Gráfica Bartira em maio de 2024.